O **ESSENCIAL** SOBRE O
# COLETIVISMO

**DENNYS G. XAVIER**
**PRISCILA CYSNEIROS**

# O ESSENCIAL SOBRE O
# COLETIVISMO

**LVM EDITORA**

São Paulo | 2023

*O Essencial Sobre o Coletivismo*
Copyright © 2023 Dennys G. Xavier

Os direitos desta edição pertencem à LVM Editora, sediada na
Rua Leopoldo Couto de Magalhães Júnior, 1098, Cj. 46
04.542-001 • São Paulo, SP, Brasil
Telefax: 55 (11) 3704-3782
contato@lvmeditora.com.br

**Gerente Editorial** | Chiara Ciodarot
**Editor-chefe** | Marcos Torrigo
**Editora-assistente** | Georgia Lopes Kallenbach Cardoso
**Preparação e revisão** | Adriano Barros
**Capa e projeto gráfico** | Mariangela Ghizellini
**Diagramação** | Décio Lopes

Impresso no Brasil, 2023

Dados Internacionais de Catalogação na Publicação (CIP)
Angélica Ilacqua CRB-8/7057

---

X18e  Xavier, Dennys G.
O essencial sobre o coletivismo / Dennys G. Xavier e Priscila Cysneiros. – São Paulo: LVM Editora, 2023.
112 p.

ISBN 978-65-5052-110-3

1. Ciências sociais 2. Coletivismo 3. Ciência política - Filosofia I. Título II. Cysneiros, Priscila

23-4414                                                                                                                                  CDD 300

---

Índices para catálogo sistemático:

1. Ciências sociais

Reservados todos os direitos desta obra.

Proibida a reprodução integral desta edição por qualquer meio ou forma, seja eletrônica ou mecânica, fotocópia, gravação ou qualquer outro meio sem a permissão expressa do editor. A reprodução parcial é permitida, desde que citada a fonte.

Esta editora se empenhou em contatar os responsáveis pelos direitos autorais de todas as imagens e de outros materiais utilizados neste livro. Se porventura for constatada a omissão involuntária na identificação de algum deles, dispomo-nos a efetuar, futuramente, as devidas correções.

## CONSELHO ACADÊMICO DA LVM

**Adriano de Carvalho Paranaíba**
Instituto Federal de Educação, Ciência e Tecnologia de Goiás (IFG)

**Alberto Oliva**
Universidade Federal do Rio de Janeiro (UFRJ)

**André Luiz Santa Cruz Ramos**
Centro Universitário IESB

**Dennys Garcia Xavier**
Universidade Federal de Uberlândia (UFU)

**Fabio Barbieri**
Universidade de São Paulo (USP)

**Marcus Paulo Rycembel Boeira**
Universidade Federal do Rio Grande do Sul (UFRGS)

**Mariana Piaia Abreu**
Universidade Presbiteriana Mackenzie

**Paulo Emílio Vauthier Borges de Macedo**
Universidade do Estado do Rio de Janeiro (UERJ)

**Ubiratan Jorge Iorio**
Universidade do Estado do Rio de Janeiro (UERJ)

**Vladimir Fernandes Maciel**
Universidade Presbiteriana Mackenzie

# SUMÁRIO

**11**      Premissa | Chega de falar bobagem!

**15**      Em busca de um código para sobreviver

**19**      Capítulo 1 | Para compreender o coletivismo

**33**      Capítulo 2 | Direitos coletivos não existem!

**47**      Capítulo 3 | A arte de transformar indivíduos em massas humanas de modelar

**65**      Capítulo 4 | O papel dos intelectuais falseadores da realidade

**81**      Capítulo 5 | Um antídoto contra o espírito de gado – capitalismo

**97**      Considerações conclusivas | O coletivismo na prática

**109**      Referências Bibliográficas

No início, o homem foi escravizado pelos deuses. Mas ele rompeu com seus grilhões. Depois, foi escravizado pelos reis. Mas ele rompeu com seus grilhões. Foi escravizado pelo seu nascimento, pelos seus parentes, por sua raça. Mas ele rompeu com seus grilhões. Declarou a todos os seus irmãos que o homem tem direitos que nenhum outro homem ou rei pode tirar dele, não importando em quantos estão, pois este é o direito do homem, e não existe nenhum outro direito na Terra acima deste. E ele viveu no limiar da liberdade, pela qual todo o sangue foi derramado no passado.

Mas então ele desistiu de tudo o que conquistou e ficou numa condição inferior àquela das selvas.

O que trouxe isso à tona? Que desastre afastou a razão do homem? Que chicote deixou o homem de joelhos, submisso e envergonhado? A adoração à palavra 'nós'.

AYN RAND

# PREMISSA | CHEGA DE FALAR BOBAGEM!

Este livro nasce num contexto pandêmico do fenômeno descrito pelo renomado professor de ética de Princeton, Harry G. Frankfurt[1], como *bullshit* – termo da língua inglesa que, em português, vem a significar algo como "falar besteira" ou, numa versão menos polida, "falar merda". Sim, creio que todos nós reconhecemos isto: há muita gente falando merda sobre muitas coisas. Trata-se de uma espécie de voluntarismo exasperante. As pessoas parecem sofrer de uma necessidade urgente de terem que dizer algo sobre qualquer coisa que se apresente em seus horizontes, mesmo as mais exóticas, complexas ou profundas. O bem-vindo silêncio socrático de "quem sabe nada saber" parece incomodar: "Puxa, preciso dizer algo sobre isso... mesmo que, no fundo, não tenha a menor ideia do que seja... afinal de contas, todos estão falando disso!". Nas palavras de Frankfurt sobre este ponto (2005, p. 1):

> Uma das características mais destacadas da nossa cultura é que nela se fala merda demais. Todos sabemos disso. Cada um de nós contribui com uma parte. Mas tendemos a não perceber a situação com clareza.
>
> [...]

---

[1]. Por uma daquelas infelizes coincidências, o professor Frankfurt faleceu exatamente quando concluíamos a redação deste livro. Deixou obra extraordinária e necessária.

Por causa disso, não temos um entendimento cristalino do que seja o falar merda, do porquê de se diz tanta bobagem ou qual a sua função[2].

Estamos diante de algo que é, em larga medida, pior do que a simples mentira. Para mentir, precisamos saber a verdade de alguma forma, a verdade precisa estar presente, nem que seja como pano de fundo. Não há mentira sobre uma verdade desconhecida! Quando alguém mente, sabe que está a mentir exatamente por ter acesso à verdade. Para falar merda, não! Basta soltar a verborragia e torcer para que ela reverbere nalgum grupo de ignorantes felizes com o que ouviram: verdade ou mentira não entram em jogo. Com efeito:

> Falar merda é inevitável sempre que alguma circunstância requeira que alguém fale sem saber do que está falando. Assim, a produção de bobagens/merdas é estimulada sempre que obrigações ou oportunidades pessoais de manifestação sobre algum tópico excedem o conhecimento sobre fatos relevantes concernentes àquele tópico. Essa discrepância é muito comum na vida pública, na qual pessoas são frequentemente levadas – pelas suas próprias propensões ou por demandas de terceiros – a falar extensivamente de assuntos sobre os quais são, em algum grau, ignorantes.

Trata-se, ao que tudo indica, do reflexo de tempos bem estranhos, nos quais a realidade foi posta de lado para celebrar "visões de mundo", "interpretações dos fatos", "leituras subjetivas", todas supostamente equivalentes em qualidade. Com o advento das redes sociais, o ato de falar merda atingiu grau extraordinário: todos se tornaram comentaristas de tudo, de futebol a vacinas, de física quântica a política internacional, de estratégia de guerra a artesanato... Tornou-se tarefa impossível, para muitos,

---

2. Existe uma versão em português do livro *On bullshit*, de Frankfurt. A tradução, no entanto, é pouco confiável, motivo pelo qual traduzi os trechos aqui registrados.

simplesmente não falar merda. As pessoas baseiam-se num grupo de convicções tiradas de suposições particulares, extraídas de alguma latrina psíquica, e – pronto! – eis uma visão de mundo nova em folha, que todos devem conhecer. Nesta dinâmica, o feedback da realidade é mandado às favas para que sensibilidades não sejam machucadas. Verdades ou mentiras saem do cálculo: "As coisas são assim porque a mim parece que sejam assim, e isso faz sentido, afinal de contas, veja a quantidade de pessoas que concordam comigo!". É o império da cracolândia do intelecto.

Num registro do mestre Thomas Sowell, vemos como as coisas estão (2021, p. 20-21):

> Fatos podem ser direcionados a uma posição já tomada, mas isso é muito diferente de testar, de forma sistemática, teorias opostas com o uso de evidências. Questões importantes são essencialmente tratadas como conflito de visões.
>
> [...]
>
> De fato, a própria evidência empírica pode ser vista como suspeita se inconsistente com (certa visão). Evidências discordantes podem ser recusadas e tidas como anomalias isoladas, ou algo selecionado pelos oponentes de forma tendenciosa, ou que pode ser explicada *ad hoc* por uma teoria sem qualquer suporte empírico.

Não só é perigoso continuarmos neste caminho – as repercussões pessoais e político-sociais são trágicas quando derivadas dele –, como também vergonhoso. Trata-se de jogarmos no lixo da desonra séculos de pensamento filosófico cuidadosamente pavimentado por aqueles que nos antecederam. O cérebro que temos não pode continuar a ser subutilizado em terreno de "achismos", de "para mim é assim" ou "acredito que" (a ignorância, de fato, não é uma virtude). Há algo de objetivo a ser recuperado em nossos posicionamentos e pensamentos, ainda que isso nos incomode, atrapalhe nossas intuições não examinadas. É questão de brio: não aceitar de bom grado a posição de idiota útil simplesmente porque há um idiota ao nosso lado.

Neste livro, buscamos, Priscila e eu, com linguagem acessível, didática e arejada – mas com extremo cuidado técnico-conceitual – dar a conhecer um dos maiores problemas da vida em sociedade: o coletivismo. No universo contemplado pelas merdas faladas por aí, este tema ocupa posição de destaque. Fala-se muita bobagem sobre coletivismo. Com esta modesta contribuição, queremos combater as falácias que envolvem o tema. Certo, o processo formativo depende da criação articulada de desconforto intelectual, do confronto com evidências incômodas. Estar disposto a isso é se indispor a uma condição de animal de consciência rústica, massa de manobra fruto de paixões.

A pandemia do falar bobagem/merda há de ser combatida com tenacidade e vontade de abandonar o obscurantismo. Aqui, vocês encontrarão parte do nosso esforço neste sentido.

*Dennys G. Xavier*
Nas Minas Gerais, agosto de 2023.

# EM BUSCA DE UM CÓDIGO PARA SOBREVIVER

Foram os antigos gregos os primeiros a nos ensinar sobre a liberdade. Talvez nenhum outro povo na história humana tenha apreciado tanto – e compreendido tão profundamente – a necessidade de preservarmos aquela instância sem a qual todo o resto perde a razão de ser, qual seja: o indivíduo. Isso não quer dizer que desprezassem ou considerassem coisa de menor importância a vida em sociedade, pelo contrário! Especialmente com Sócrates, Platão e Aristóteles – para ficarmos aqui apenas com a magnífica tríade da Hélade clássica (pois tantos outros poderiam ser citados!) – aprendemos que o Homem "fora da cidade", distante da convivência social, é um ser, em alguma medida, incompleto, incapaz de suprir (ao menos com grau superior de excelência) as suas necessidades. Exatamente por isso, diz Aristóteles nas primeiras páginas do seu tratado ético, a *Ética a Nicômaco*:

> Porque, mesmo que haja um único bem para cada indivíduo em particular e para todos em geral numa *pólis*, parece que obter e conservar o bem pertencente a uma *pólis* é obter e conservar um bem maior e mais completo. O bem que cada um obtém e conserva para si é suficiente para se dar a si próprio por satisfeito; mas o bem que um povo e as cidades obtêm e conservam é mais belo e mais próximo do que é divino (II, 1094b5-10).

Notem, portanto, que o bem da *pólis* (da "cidade-Estado") é importante exatamente na medida em que supre as faltas que ameaçariam a existência de um indivíduo isolado, abandonado a si mesmo. A superioridade do bem da cidade só se explica e justifica na boa realização dos indivíduos que nela vivem, motivo pelo qual cada Homem é, na expressão do próprio Aristóteles, um "animal político", ser gregário, sociável:

> É claro, portanto, que a *pólis* pertence aos produtos naturais, que o homem é um animal que, por natureza, deve viver numa cidade, e quem não vive numa *pólis*, por sua própria natureza e não por acaso, ou é um ser inferior ou é mais do que um homem.
>
> [...]
>
> Por isso, quem não pode fazer parte de uma comunidade, quem não tem necessidade de nada [...] é ou um animal ou um deus (*Política*, A2, 1252b27-1253a29).

Creio estarmos todos de acordo até aqui: somos seres comunitários, precisamos uns dos outros para explorarmos o melhor da vida, para sanarmos dificuldades com maior facilidade, para usufruirmos das benesses da convivência. Numa imagem, estamos todos a navegar no mesmo barco, cada um exercendo função específica. Somos todos membros de uma sociedade que está a bordo daquele barco. Um a remar, outro a pilotar, outro a cozinhar, outro a cuidar das velas, outro da navegação. Sem a excelência na prestação dessas atividades, a manutenção do barco resta prejudicada (e a salvação do barco – derivada do interesse de cada membro que ali se encontra, um autointeresse, um senso individual de autopreservação, de cuidado de si – deve ser ocupação de todos!). Peixes nadam em cardumes não porque se amam ou se querem bem, mas porque, assim, usufruem de algum grau de proteção e manutenção de suas vidas (especialmente contra ataques de predadores). Certas aves voam em formação não por devotarem especial carinho pelos seus pares, mas para vencerem com maior eficiência obstáculos aerodinâmicos, medida essencial em voos de longa duração. A vida gregária pode ser encontrada em quase todo o reino animal... dificilmente alguém estaria disposto a dizer que ali está em jogo algum sentimento de *philia*, de amizade, condição de existir do grupo. Em diversas espécies, aliás, quando a comida escasseia, o primeiro alvo é algum filhote ou membro adoentado do bando. Nós todos, animais que somos, temos este traço comum: queremos sobreviver, queremos nos manter vivos, nas melhores condições disponíveis. Mas algo aqui nos diferencia: animais não racionais – ou, se preferirmos, de consciência não humana – e tudo o mais "irracional" que vive (como no reino vegetal) vêm inevitavelmente amarrados a um código de sobrevivência do qual não conseguem se desvencilhar; estão condenados a ele. Uma árvore não consegue se abandonar à própria destruição diante da seca que a ameaça: lançará raízes mais e mais profundas enquanto puder para sobreviver. Flores não cometem suicídio; cães, mesmo destruídos pelo abandono, não desistem de viver, não boicotam seu manual biológico de sobrevivência, de manutenção e reprodução.

Nós, humanos, por outro lado, não temos um código automático de sobrevivência (por isso debatemos tanto sobre as escolhas que devemos fazer para extrairmos o melhor da vida! De fato, não há assembleias de animais na floresta para deliberar sobre o que fazer em casos de ameaça à sua sobrevivência... eles simplesmente fazem o que estão biologicamente "condenados" a fazer!). Precisamos construir o nosso código! Precisamos fazer uso do que nos difere e acionar a faculdade da razão para pensarmos o nosso código moral, o nosso código do que fazer, o nosso código da felicidade. "Acionar" é o termo correto, porque a racionalidade não se coloca automaticamente em nosso horizonte... precisamos querer usá-la! E nossa tese aqui é que, ao acioná-la, chegaremos a uma inevitável conclusão: a vida em sociedade promove coisas extraordinárias para cada um de nós, desde que não se torne um fardo alicerçado na perda substancial de liberdade, de autodeterminação.

Tentaremos demonstrar em que medida, e segundo quais instrumentos, o coletivismo faz uso corrompido da necessidade de vivermos segundo laços sociais, distorcendo a razão de ser originária de vivermos unidos nas cidades.

Portanto, que fique claro desde já (sim, o óbvio deve ser dito com todas as letras): não advogamos neste livro, ao desenharmos o coletivismo como um terrível mal, pela causa de um homem solitário, amargo, "um animal ou um deus" que deseja, a qualquer custo, se livrar de outros homens. O ponto é substancialmente diverso: desejamos mostrar em que medida a "salvação do barco" no qual estamos a navegar não pode servir como desculpa, como expediente para avançarmos violentamente sobre indivíduos que buscam na vida em sociedade não uma condição servil, submissa, mas o contrário disso!

# CAPÍTULO 1 | PARA COMPREENDER O COLETIVISMO

É interessante observar o inafastável poder que certas ideias desfrutam na sociedade. Elas são capazes de guiá-la na direção do desenvolvimento e da prosperidade, ou de levá-la ao mais profundo abismo existencial, causador de miséria e sofrimento.

Sempre que ouvimos termos como "a coletividade", "o bem comum", "a sociedade", ou algo semelhante, temos uma forte tendência a julgar quem os profere como alguém de boa índole, bem-intencionado. Isso só acontece porque esse tipo de discurso toca facilmente o coração das pessoas. Quem, em sã consciência, não se deixaria seduzir por um indivíduo generoso e magnânimo, preocupado com o futuro da humanidade? Poucos, no entanto, param para analisar o que aquelas palavras podem trazer em termos fáticos. Afinal de contas, quem é "a sociedade" ou a "coletividade"? O que seria o "bem comum"? Quem há de determinar o que é bom para todos nós, independentemente da concordância de muitos dos envolvidos?

São perguntas que raramente são feitas com seriedade porque os nossos sentimentos, as nossas emoções, indicam serem coisas boas, logo, *devem ser coisas boas* e, então, defendidas! Certo, mas emoções costumam ser péssimas conselheiras, especialmente quando você dispõe de um cérebro que pode ajudar na tarefa de compreender mais profundamente as coisas.

Pois bem, o que aqueles termos, que soam como música aos nossos ouvidos incautos, têm a ver com o tal coletivismo?

Definamos o termo:

>>>
**O coletivismo é a filosofia que vê os seres humanos como partes de um grupo, e não como indivíduos singulares. Com isso, interesses coletivos são priorizados, em detrimento dos individuais.**

Trocando em miúdos, se você faz parte de uma determinada coletividade, suas opiniões, seus gostos pessoais, seus objetivos, não têm qualquer valor, se o seu posicionamento for contrário às causas defendidas pelo grupo, por uma classe de indivíduos, pelo Estado etc.

De repente, sob o manto do coletivismo, deixam de existir a Maria, o José, a Joana, o Pedro... todos eles, somados, tornam-se uma nova "pessoa", sem forma definida, sem cara, sem identidade: a assim denominada "coletividade". Numa linguagem filosófica, as pessoas passam a ser "reificadas", coisificadas. Deixam de ser indivíduos tomados em si mesmos e passam a ser instrumentos de realização de uma visão atribuída ao grupo.

Há um grande problema nesse tipo de visão: ela tenta igualar aqueles que, por inafastável natureza, são desiguais. Pare, por um momento, para pensar em cada uma das pessoas que o cercam, sejam elas da sua família, amigas próximas, colegas de trabalho/escola. Pense em seus gostos, em seus temperamentos, em como reagem de maneiras diferentes a situações semelhantes. Algumas são mais calmas; outras, mais agitadas; algumas, mais tímidas; outras, mais extrovertidas; algumas preferem música sertaneja; outras, apreciam rock and roll; e há aquelas que só se sentem bem no mais completo silêncio (cada pessoa é um mundo complexo e muito particular, um microcosmo).

Imagine agora que, ignorando toda a subjetividade própria de cada indivíduo, alguém – sempre "muito bem-intencionado", claro... tiranos nunca são mal-intencionados! – decida inserir, de modo coercitivo, todas essas pessoas num único grupo, para que possa determinar a cada uma delas, de cima para baixo, o que é melhor para todas (sempre, evidente, com a propaganda segundo a qual isso é o melhor para o grupo!). Ora, nesta perspectiva, serão egoístas, opressores e malvados todos aqueles que não aceitarem ceder parte importante do que são, do que lhes define ou do que têm em prol da "sociedade", seja lá o que "sociedade" signifique. Você, convencido a assumir atitude bovina, de gado apascentado, fará tudo o que lhe for exigido – claro – porque é muitíssimo bem-intencionado! Para o bem de todas as pessoas, você abrirá mão de si mesmo e ainda se tornará fiscal impoluto e diligente de todos os outros que não quiserem se dobrar à visão sagrada da manada, uma espécie de boi dedo-duro/cancelador:

> 'O público', 'o interesse público', 'o serviço ao público' são os meios, as ferramentas, os pêndulos que oscilam na auto-hipnose dos que buscam poder.
>
> Dado que não existe essa suposta entidade, 'o público', e dado que o público é, meramente, um conjunto de indivíduos, qualquer conflito, alegado ou implícito, entre 'interesse público' e interesses privados, significa que OS INTERESSES DE ALGUNS HOMENS SERÃO SACRIFICADOS PELOS INTERESSES E DESEJOS DE OUTROS (grifo dos autores). Já que o conceito é tão convenientemente indefinível, seu uso repousa, apenas, em qualquer habilidade de uma gangue qualquer proclamar que o 'público, sou eu' – e sustentar a reivindicação na ponta de uma arma. (RAND, 2020, p. 128)

Qualquer sujeito minimamente alfabetizado há de entender que não estamos a falar aqui de uniões livres e voluntárias de homens. Foi dito, logo no início deste livro, que a vida ao lado de outros indivíduos, unidos numa *pólis*, é coisa não só desejável, mas natural. O coletivismo tem por base coação, tipos diversos de violência que buscam impor a terceiros: valores, princípios, visão de mundo, padrão moral/comportamental entre outros.

Numa perspectiva coletivista, o termo egoísmo, então, deve ser associado a uma espécie de pecado, encarnação por excelência do mal (RAND, 2020, p. 15):

> No uso popular, a palavra 'egoísmo' é um sinônimo de maldade; a imagem que invoca é a de um brutamontes homicida que pisoteia pilhas de cadáveres para atingir seus objetivos, que não se preocupa com nenhum ser vivo e que busca, apenas, a satisfação imediata de caprichos insensatos.

O autointeresse deve ser banido numa sociedade coletivista. Não importa se estamos à direita ou à esquerda do espectro político... o coletivismo sempre se vale de outros para realizar projeto de alguns poucos, quando não de um só que jura falar em nome de todo o resto.

Bem... é exatamente assim que funciona uma mentalidade coletivista: as pessoas são rotuladas, automaticamente, como pertencentes a determinados grupos, por terem determinadas características (frequentemente externas, acidentais, não escolhidas, como, por exemplo: serem mulheres, ou pretos, ou brancos, ou gays, ou heterossexuais, ou quilombolas, ou baianos, ou estrangeiros, ou sabe-se lá mais o quê). Daí, a estratégia está dada: alguém (ou algumas poucas pessoas) assume a liderança e dita como todas as outras devem se deixar conduzir para que tenhamos contato com o melhor de cada um de nós.

O empenho em igualar os desiguais é próprio do coletivismo. Nele, você deve compreender que não é capaz de se conduzir, de escolher com a sua própria consciência: é um pobre coitado que não atingiu grau suficiente de ilustração para conduzir a própria vida. Nem precisamos dizer... estamos diante do caminho da tirania em suas mais diversas constituições.

Há um aspecto importante a ser observado nessa divisão por grupos: ela parte de uma visão extremamente limitada do ser humano, pois ignora todos os aspectos que nos tornam... humanos.

É por isso que se diz que liberdade e igualdade são incompatíveis. Ou se tem liberdade, aceitando que a desigualdade é uma característica natural da nossa condição, ou se tem igualdade, enfrentando essa natureza por meio da coerção (os resultados do caminho da coerção terminam, historicamente, em banhos de sangue: socialismo, nazismo, comunismo, fascismo... são todos filhos do coletivismo, da imposição da visão messiânica de alguns sobre os outros).

Mas digamos que, num passe de mágica, da noite para o dia, consigamos a igualdade total de toda a humanidade, do jeito que os coletivistas sempre idealizaram. Nesse mundo hipotético, ninguém ganha mais nem tem melhores condições de vida que os outros. Nele, nenhuma aptidão em particular deve ser reconhecida como mais útil ou mais importante, nenhum talento é tratado como superior. Não demoraria para que a desigualdade voltasse a se impor na manhã seguinte, já que uns teriam uma tendência natural a trabalhar mais, a inovar mais, e, portanto, lucrar mais; já outros ficariam mais acomodados com a situação e não seriam produtivos (ou seriam produtivos em áreas sem qualquer interesse para a *pólis*); haveria aqueles mais econômicos, e, também, aqueles mais gastadores. Essa é a natureza humana, contra a qual é impossível lutar.

Se vocês quiserem falar em igualdade de oportunidades, lá na base formativa, diríamos que... ótimo... temos que avançar sempre neste sentido! Mas JAMAIS em igualdade de resultados: poderíamos dar acesso ótimo à escola básica a todos... isso nunca garantiria o sucesso dos estudantes por motivos óbvios: eles são estimulados de formas diversas em ambiente não escolar e têm aptidões diferentes. Deveríamos punir pessoas por serem boas no que fazem? Que tipo de sociedade vamos construir assim? Baseada em ressentimentos e na glamourização da derrota?

Dada a nossa natureza desigual, o que os coletivistas buscam são características que criem alguma forma de identificação mascarada, para que se torne mais fácil a formação de grupos politicamente controláveis. "Você é preto? Então TEM que aceitar as seguintes coisas..."; "você é gay? Então, TEM que aprender que...". Coletivistas não veem pessoas: veem apenas sua cor de pele, ou seu gênero, ou sua orientação sexual – não há, para eles, qualidades e/ou defeitos morais, realizações profissionais, conduta individual, caráter, honestidade, honradez. Somos, para essa gente, como cães divididos por raças, uma mais vítima do que a outra, com desejos que devem ser satisfeitos por todos os outros. Assim, você PRECISA ter orgulho de ser algo que não resulta de qualquer esforço da sua parte, mas apenas por fazer parte de um coletivo composto por coisas acidentais, logo, não essenciais. Quem nunca viu uma propaganda eleitoral do tipo: "Vote em mim porque sou mulher, preta, favelada" e coisas assim? Quem nunca viu um candidato a cargo político ou a chefe de grupo social propagandeando coisas que não fez qualquer esforço para ser ou ter?

Aliás, o próprio racismo é uma das formas mais vis e cruéis do coletivismo. Um racista é aquele que substitui a razão e a escolha (ou a mente e a moralidade) pela predestinação química (RAND, 2020, p. 185):

> O racismo só tem uma raiz psicológica: o próprio complexo de inferioridade do racista.
>
> Como toda forma de coletivismo, o racismo é uma busca pelo imerecido. É a busca do conhecimento automático – de uma avaliação automática do caráter dos homens que dispensa a responsabilidade de exercer o julgamento racional ou moral – e, acima de tudo, a busca de uma autoestima automática (ou falsa autoestima).

Se alguém precisa se sentir parte de um grupo para elevar sua autoestima, temos uma má notícia: essa pessoa não deve ter motivo algum para se orgulhar na vida. Diante da ausência de algum feito relevante, de um caráter digno de elogios, recorre-se ao amparo da sensação de pertencimento a um grupo. Insistimos: afirmar que tem orgulho de ser mulher ou homem, branco ou preto, de ter nascido em determinada localidade, é vangloriar-se de fatores acidentais, biológicos. Você poderia ter nascido do sexo oposto, ou com outra cor de pele, ou em outro lugar. Isso lhe daria menos ou mais orgulho?

Atribuir virtudes à origem racial de alguém é confessar que não se conhece o processo pelo qual as virtudes são adquiridas e, com frequência, que se fracassou em adquiri-las. A esmagadora maioria dos racistas é composta por homens que não conquistaram nenhum sentido de identidade pessoal, que não podem mostrar nenhuma realização ou distinção individual, e que buscam a ilusão de uma "autoestima tribal" ao alegar a inferioridade de alguma outra tribo.

O orgulho genuíno, por outro lado, é uma CONQUISTA, fruto de TRABALHO. É o prazer que o indivíduo sente diante de suas próprias realizações. O homem que escolhe essa "autoestima tribal" tenta ignorar a realidade da sua própria mediocridade, agarrando-se a uma ilusão reconfortante, que traz uma alegria passageira. Aceitar "qualquer coisa que o faça feliz" como guia para suas ações significa ser guiado por caprichos emocionais. Emoções não são ferramentas de cognição. Ser guiado por caprichos, por desejos cuja origem, natureza e significado não se sabem, é transformar a si mesmo num robô cego, operado por demônios que não podem ser conhecidos (por suas velhas tentativas de evasão), um robô batendo sua própria cabeça estagnada contra as paredes da realidade que se recusa a ver (RAND, 2020, p. 40).

Aliás, não é à toa que o apelo ao sentimentalismo é uma das características marcantes da mentalidade coletivista, já que aqueles que deixam de usar seu atributo humano da racionalidade, seguindo apenas as suas emoções, são extremamente fáceis de manipular. Com uma boa justificativa, que toque o coração, é provável que sejam convencidos a fazer até mesmo coisas que abominam, em prol de uma "causa maior" – essa "causa maior", pela qual o grupo é convencido a lutar, é outra grande marca presente no âmbito coletivista. Mas é interessante notar que apenas são mencionadas as finalidades últimas (as causas pelas quais se deve lutar) e sua razão de existir. Não se fala do mais importante: o contexto, os meios e os custos. Para os coletivistas, é sempre importante omitir esses aspectos, já que os meios são vidas humanas, coisificadas, aniquiladas em sua potencialidade. Numa mentalidade assim, os outros são apenas escadas em que podemos subir e descer sempre que acharmos necessário.

Vamos a mais um exemplo: imagine que um grupo luta pelo direito de receber um benefício financeiro não derivado das livres trocas do mercado (alguma bolsa, algum piso salarial... coisas assim). A pergunta é: de onde virá esse dinheiro para responder à demanda do grupo? Você talvez respondesse: "do Estado!" ou "do Tesouro Nacional". É que o Estado e o Tesouro Nacional não criam riquezas, certo? Eles simplesmente vivem de parasitar a riqueza construída por indivíduos e de redistribuir essa riqueza, com enorme frequência, em função de demandas políticas. Isso basicamente significa que outras pessoas serão obrigadas a financiar aquele "direito", certo? Afinal, impostos, como o próprio nome diz, são obrigatórios (deixe de pagá-los e veja a mágica acontecer). Há uma imposição, moralmente "justificada" pelo coletivismo; não existe a opção de não os pagar. Logo, estamos falando, aqui, de uma caridade forçada. Ora, se você acha que é mal pago no seu emprego, uma pergunta se impõe de imediato: alguém, de maneira não forçada, estaria disposto a pagar mais pelo que você entrega? Aqui há duas respostas possíveis, com duas consequências necessárias: "sim"... então, faça por onde estar ao lado de quem se dispõe a pagar mais pelo que você faz; "não"... então, não pense que seja justo forçar pessoas a bancarem o que você deseja simplesmente por achar que faz por merecer.

O coletivismo precisa da força para subsistir. E não só isso: precisa do monopólio da força! Não é muito diferente de um assaltante que diz fazer bom uso do dinheiro roubado. Se é para o "bem de outros", então deve ser "coisa boa", ainda que forçada. Estamos diante de uma noção bastante primitiva e grotesca de "justiça social". Como bem comenta Walter Williams numa célebre passagem:

> No infindável debate sobre 'justiça social', a definição de 'justo' tem sido debatida por séculos. No entanto, permita-me oferecer a minha definição de justiça social: eu mantenho tudo aquilo que eu ganho com o meu trabalho, e você mantém tudo aquilo que você ganha com o seu trabalho. Discorda? Então, diga-me: qual porcentagem daquilo que eu ganho 'pertence' a você? Por quê?

O que mais irrita um coletivista é a ideia de consentimento. Isso, para eles, é algo a ser ignorado. Na visão de um coletivista, divergências devem ser silenciadas; oposições, esmagadas; novas evidências, ignoradas. Aí, talvez, você esteja pensando: "Ah, mas se não houver a obrigatoriedade do pagamento de impostos, ninguém os pagará".

Bem, (RAND, 2020, p. 122):

> Da próxima vez que você encontrar um desses sonhadores 'com espírito público' que diga, rancorosamente, que 'alguns objetivos muito desejáveis não podem ser atingidos sem a participação de todos', diga-lhe que, se não puder contar com a participação voluntária de todos, seria melhor que seus objetivos não fossem alcançados – e que as vidas dos homens não estão à disposição dele.

Fiquemos combinados assim? Se você tem uma ótima ideia... uma que, para ser realizada, depende de forçar outros a aderirem a ela... abandone a sua ideia! Objetivos nobres não devem ser impostos a terceiros, mesmo porque, assim, deixam de parecer tão nobres, não é mesmo? Está óbvio que a nobreza do ato só persiste na medida em que ele é realizado por meio do exercício da livre escolha. Não há grandeza moral em ato realizado sob a ação da chibata, seja ela de que grupo for, de que classe for, de que Estado for.

Quando se defende, por exemplo, redistribuição de renda realizada pelo Estado, a ideia implícita é a de que se pretende fazer "justiça social" por meio de ato violento. Querendo ou não, você será obrigado a participar das "boas causas" – mas boas causas precisam de violência para serem concretizadas? – que alguém com poder de decisão sobre sua vida estipulou como tais.

E se você, em verdade, desejasse destinar seus recursos para outras causas benéficas, em vez das que outros acreditam serem necessárias? Não teríamos nós o direito de não financiarmos aquilo com o que não concordamos? Não seria direito legítimo nosso não financiar os nossos antagonistas? Coletivistas não se importam. Do ponto de vista médico, é possível retirar a córnea dos olhos de um homem imediatamente após sua morte e transplantá-la para os olhos de um homem vivo que é cego, restaurando, assim, sua visão (em certos tipos de cegueira). No entanto, segundo a ética coletivista, isso gera um problema social. Deveríamos esperar até a morte de um homem para retirar seus olhos, quando outros precisam deles? Deveríamos considerar os olhos de todos como propriedade pública e planejar um "método justo de distribuição"? Você defenderia a retirada dos olhos de um homem vivo para dá-los a um homem cego, de modo a "igualá-los"? Não? Portanto, esqueça questões sobre "projetos públicos" em uma sociedade livre. Você sabe a resposta. O princípio é o mesmo (RAND, 2020, p. 122).

Logo, os "projetos públicos de caráter humanitário" não podem ser concretizados sem o uso da força. A ideia implícita é a de que vidas humanas valem menos do que a finalidade que se pretende atingir. O cinismo fica estampado: odiar e hostilizar pessoas de sucesso; usurpar pessoas de sucesso e puni-las por terem tido sucesso; para que pessoas que não têm sucesso possam usufruir, MEDIANTE ATO VIOLENTO, do que outros construíram para que tenham algum sucesso (mas só um pouco, porque, afinal, odiamos as pessoas que nos sustentam e não queremos que você se torne mais uma... ou teremos que hostilizá-lo também). Coletivistas não querem resolver problemas. Eles prosperam com os problemas. Eles justificam seus avanços sobre outros exatamente por causa dos problemas que jamais resolverão.

Talvez agora fique fácil perceber o quanto a mentalidade coletivista está ligada ao estatismo. Lembra quando falamos que ela necessita de uma liderança que dite o que é "certo" e o que é "errado"? Em geral, são os burocratas do Estado a assumi-la... ou os seus amigos, porta-vozes de movimento sociais parasitários. Elementar! Considerando que o Estado é quem detém o monopólio legal sobre o uso da força, será a ele que recorrerão aqueles que pretendem implementar esses projetos públicos de "caridade" forçada.

Afinal de contas, é sempre uma delícia fazer filantropia não voluntária com a realização alheia.

**>>>**
**Milton Friedman ensina que há quatro formas de gastar dinheiro:**

**1. Gastar nosso dinheiro com nós mesmos**
Tendemos a calcular o custo-benefício, investindo em algo da melhor qualidade possível pelo menor preço possível.

**2. Gastar nosso dinheiro com outra pessoa**
Quando compramos um presente, por exemplo, há uma tendência a tomar mais cuidado com o custo e menos com a qualidade, a depender da proximidade que se tem com a pessoa.

**3. Gastar dinheiro de outra pessoa com nós mesmos**
Imagine que você é convidado para um restaurante, com tudo pago por um amigo. Ou, então, uma situação em que alguém lhe pede para escolher um presente para receber. A tendência é que você se preocupe menos com o custo e mais com a qualidade.

**4. Gastar dinheiro de outra pessoa com outras pessoas**
Nesse caso, não há preocupação com o custo (afinal, o dinheiro não é de quem gasta) e não há preocupação com a qualidade (já que não é quem gasta que utilizará o bem ou serviço adquirido). Esse é o cenário vivido pelos políticos e burocratas estatais.

Dois fatores importantes antes de passarmos ao próximo capítulo:

1. Burocratas e políticos, no geral, não costumam arcar com os custos de suas decisões erradas;
2. Fazer caridade com o dinheiro alheio ajuda sobremaneira na construção de uma imagem de bom samaritano, o que não resolve problemas, mas rende muitos votos.

## >>> para não esquecer

> O coletivismo vê os seres humanos como partes de um grupo.
> Prioriza os interesses coletivos em detrimento dos individuais.
> A "coletividade" deve agir e pensar de maneira igualitária.
> As pessoas são divididas em grupos, de acordo com suas características comuns.
> Submetendo-se a um grupo, o indivíduo renuncia à sua liberdade.
> Um coletivista não vê que a desigualdade é inerente à natureza humana.
> A igualdade só é alcançada por meio de coerção. Por isso, igualdade e liberdade são incompatíveis.
> Possui forte apelo ao sentimentalismo.
> Racismo é a pior forma de coletivismo.
> O orgulho deve vir de realizações individuais, e não de características acidentais.
> Sempre há uma "causa maior".

- Não se fala em contexto, meios e custos. Quanto mais abstratas são as ideias, melhor.
- Um coletivista vê os outros como meios para atingir seus fins.
- A caridade deve ser praticada voluntariamente, não por imposição legal ou moral.
- Coletivismo e estatismo estão interligados, já que os coletivistas usam o Estado como meio para impor a caridade forçada.
- O coletivismo coloca boas intenções e sentimentos acima dos efeitos práticos.
- É fácil prometer benesses quando não é você quem pagará por elas.
- Além de ser muito fácil, é politicamente lucrativo.

# CAPÍTULO 2 | DIREITOS COLETIVOS NÃO EXISTEM!

O encantamento gerado pela expectativa do surgimento de novos benefícios coletivizados se deve ao fato de que as pessoas desconhecem que os legítimos direitos dos indivíduos não lhes são dados por meio de um pedaço de papel.

Seus direitos naturais não são benevolências concedidas pelo Estado ou por quem quer que seja: são inatos (ao menos se quisermos admitir que podemos assumir condição diferente daquela a que chamamos de "gado apascentado", cujas possibilidades são ditadas/determinadas por terceiros).

Aqui, estamos falando de três grandes direitos:

| VIDA | LIBERDADE | PROPRIEDADE |
|---|---|---|
| Sem ela, nada seria possível. Trata-se do direito de pensar/agir livremente para a manutenção da própria existência. | Um indivíduo deve ser livre para fazer suas próprias escolhas e buscar a sua felicidade, sem ser coagido de qualquer maneira e sem impedir possibilidade alheia de fazer o mesmo. | É um sustentáculo do direito à vida, pois, o que seria do homem se não pudesse usufruir do produto do seu esforço, do seu próprio corpo e dos seus bens como quiser? |

A esses direitos fundamentais chamamos "direitos negativos". O Estado, admitida a sua existência e algum papel que lhe seja próprio – coisa bastante questionável para muitas correntes defensoras das liberdades – deveria atuar para impedir a sua violação, não para concedê-los como se fossem prêmios por bom comportamento/submissão, porque não se pode conceder algo que já se tem. É da natureza humana que eles emanam, e não de um ente estatal.

Quaisquer outros ditos "direitos", inseridos numa folha de papel, nada mais são do que violações àqueles direitos naturais, uma vez que impõem a outros homens obrigações que não escolheram para si, uma servidão involuntária.

Empregos, educação, tratamentos de saúde, opções de lazer... são todos bens e serviços produzidos pelos homens. Quando a lei impõe a obrigação estatal de concedê-los, o que está dizendo é que o Estado tem a prerrogativa de forçar seres humanos a fornecê-los, sob a justificativa aparentemente nobre de "justiça social". Não existe tal coisa como o "direito ao emprego", existe, apenas, o direito do livre-comércio, ou seja: o direito de um homem de aceitar um emprego se outro homem escolhe contratá-lo. Não existe "direito a uma casa", apenas, o direito do livre-comércio: o direito a construir uma casa ou a comprá-la. Não existe o "direito a um salário justo ou a um preço justo", se ninguém escolhe pagá-lo, contratar um homem ou comprar seu produto. Não existe "direito do consumidor" ao leite, sapatos, filmes ou champagne, se nenhum produtor escolher produzir esses itens (existe, apenas, o direito de fabricá-los). Não existem "direitos" de grupos especiais; não existem "direitos de fazendeiros, de trabalhadores, de empresários, de funcionários, de empregadores, dos idosos, dos jovens, dos ainda não nascidos". Existem, apenas, os direitos do homem, direitos possuídos por cada homem, individualmente, e por todos os homens enquanto indivíduos.

Por isso, falar em "direitos coletivos" é uma contradição em termos, já que, em verdade, existem apenas indivíduos, com seus respectivos direitos. Logo, falar em "liberdades individuais" é uma espécie de pleonasmo, visto que não há qualquer outro tipo de liberdade!

É politicamente muito lucrativo falar em "direitos coletivos" ou em qualquer coisa "social". O uso abusivo desses qualificativos demonstra o quanto estamos desviados de um caminho razoável na construção de uma *pólis* consciente da importância da "menor de todas as minorias", justamente o indivíduo (ROSSITER, 2016, p. 66):

> [...] os valores e expectativas de uma sociedade sobre o que é correto ou justo influencia as escolhas morais do cidadão nas arenas econômica, política e social num determinado momento. Se a sociedade honra os princípios do individualismo racional, as escolhas do cidadão serão influenciadas pelos ideais de liberdade individual, autoconfiança, responsabilidade pessoal, cooperação voluntária, realismo moral, e respeito pelos direitos e soberania dos outros. Se, por outro lado, a sociedade honra os princípios da agenda esquerdista de coletivismo coercivo, então as escolhas do cidadão serão influenciadas pelos ideais de direitos imerecidos, dependência assistencialista, regulação pelo Estado, relativismo moral e socialização das categorias principais de ação humana. Essas duas visões diferem drasticamente: numa, a sociedade permite que seus cidadãos vivam de acordo com suas escolhas provenientes da iniciativa própria e anuência mútua; noutra, o Estado regula a maneira como eles vivem e com quem eles se relacionam. Estas são visões concorrentes sobre a liberdade individual de escolher e cooperar. São visões concorrentes sobre quais valores devem determinar as escolhas do dia a dia, e sobre qual vontade, a do indivíduo ou a do Estado, deve prevalecer nos mundos reais da vida cotidiana.

Quem, alguma vez na vida, parou para ler a nossa Constituição Federal de 1988, viu que ela contém milhares de "direitos" dessa natureza. Aliás, o coletivismo tem uma presença agressiva em toda a legislação brasileira. Um exemplo do que estamos falando (entre os milhões, literalmente, que poderíamos citar) é o comovente dispositivo sobre o salário-mínimo: tente conter as lágrimas diante deste trecho poético:

Art. 7º São direitos dos trabalhadores urbanos e rurais, além de outros que visem à melhoria de sua condição social:

[...]

IV - salário mínimo, fixado em lei, nacionalmente unificado, capaz de atender às suas necessidades vitais básicas e às de sua família com moradia, alimentação, educação, saúde, lazer, vestuário, higiene, transporte e previdência social, com reajustes periódicos que lhe preservem o poder aquisitivo, sendo vedada sua vinculação para qualquer fim [...].

Vamos contar um segredo: a Assembleia Constituinte sabia, quando inseriu esse dispositivo, que ele era utópico, inatingível. Mas veja como ele é lindo! Veja só como seus olhos brilham ao lê-lo! Quem é o ser desprezível que não deseja que todos tenham uma vida digna, tendo todas essas necessidades básicas atendidas numa canetada? Pense em como é aclamado o político que discursa em favor de reajustes maiores para o salário-mínimo, a cada ano. Nesse sentido, as frases do Constituinte liberal, Roberto Campos, sobre a nossa Constituição são tão hilárias quanto desesperadoras (DRUMMOND, 2022, p. 87-89):

- Nossa Constituição é uma mistura de dicionário de utopias e regulamentação minuciosa do efêmero.
- A Constituição de 1988 é, ao mesmo tempo, um hino à preguiça e uma coleção de anedotas.
- Na constituinte de 1988, a lógica econômica entrou em férias.
- Que o Dr. Ulysses me desculpe, mas não dá para escrever constituições dessa maneira.
- Aos dois clássicos sistemas de governo – o presidencialista e o parlamentarista – o Brasil acaba, com originalidade, de acrescentar mais um: o "promiscuísta".
- No texto constitucional, muito do que é novo não é factível; e muito do que é factível não é novo.

- Os estudiosos do Direito Constitucional aqui e alhures não buscarão no novo texto lições sobre a arquitetura institucional, sistema de governo ou balanço de poderes. Em compensação, encontrarão abundante material anedótico.

É a Carta Constitucional do coletivismo no que ele tem de pior!

A pergunta que ninguém se faz no dia a dia é esta: quem paga o preço pela existência de teratologias desta envergadura e alcance social? A resposta é evidente: todos nós!

O economista Fréderic Bastiat tem um livro intitulado *O que se vê e o que não se vê*, no qual trata exatamente de medidas como as profusamente registradas em nosso texto constitucional, que aparentam ser benéficas, devido às suas boas intenções, mas que trazem consequências ocultas – nem tão ocultas assim – devastadoras. No intuito de solucionar um problema, criam-se outros, mediatos, ainda maiores. O autor propõe uma imagem: uma criança que quebra uma janela. A consequência, claro, é chamar um vidraceiro para repará-la. É possível que se chegue à conclusão de que é bom quebrar janelas, já que provoca a circulação de dinheiro, a movimentação da economia local, a prosperidade de tantos envolvidos na cadeia produtiva de janelas. Mas isso é apenas o que se vê. O que não se vê é que essa quantia poderia ter sido igualmente investida em outros bens ou serviços, talvez até mais benéficos para o pai da criança. Nesse caso, o vidraceiro foi o beneficiado, quando poderiam ter sido outros empreendedores, em seu lugar. Considerando que o dinheiro é limitado/escasso, esse pai precisou fazer uma escolha, direcionando uma parcela para um serviço em lugar de outro. Logo, não seria errado concluir que o comerciante que deixou de vender foi prejudicado pela quebra da vidraça.

Mas Bastiat vai além! Ao reparar a janela, o pai continuou tendo apenas a mesma janela. Se utilizasse o dinheiro para a compra de outro bem, poderia ter dois itens, em vez de um só. Então, não é correto supor que destruição gera lucro. Muito pelo contrário!

Veja: em toda ação que se pratica, há efeitos que são facilmente notados, ao passo que outros demandam uma reflexão mais ponderada, cuidadosa, para serem identificados. E um dos grandes problemas da mentalidade coletivista é que as "soluções" apontadas para os problemas sociais não passam por nenhuma espécie de reflexão acerca de suas consequências reais. Há muita bile e pouco cérebro em jogo!

| O QUE UM COLETIVISTA VÊ | O QUE UM COLETIVISTA NÃO VÊ |
|---|---|
| > Existem problemas sociais, boas intenções vão solucioná-los;<br>> "Soluções" idealizadas/sentimentalismo;<br>> A capacidade humana supera tudo sempre;<br>> Para resolver, costumeiramente basta querer. | > Efeitos práticos negativos das "soluções" apontadas (não funcionam e ainda podem contribuir para agravar o problema);<br>> Soluções eficazes/pautadas na racionalidade e não no sentimentalismo;<br>> A capacidade humana tem limitações reais/concretas;<br>> Querer não basta, a realidade se impõe e limita soluções no tempo. |

Ainda que certas "soluções" defendidas por coletivistas já tenham passado por diversos testes ao longo dos séculos, eles continuam insistindo em utilizá-las. É que, para eles, as intenções (que trazem poder) têm um valor muito maior do que as efetivas soluções. Ademais, se a pobreza fosse, de fato, diminuída drasticamente, que valor teriam as tantas promessas e frases de efeito? Se o racismo fosse extirpado, que valor teriam aqueles que encabeçam os movimentos negros? É muito mais inteligente, para quem almeja relevância política ancorada em coletivismo, contribuir para que se consolide a crença de que o Estado e determinados grupos sociais são cada vez mais indispensáveis. Afinal, se o Estado é mesmo tão imprescindível, e precisa abranger um número tão grande de funções... serão necessários ainda mais cargos políticos, maiores estruturas públicas, mais anexos em repartições estatais para dar conta de tudo!

Seguindo nessa linha, o Leviatã precisa ser grande e forte, não só para promover a famigerada "justiça social", mas também para regular cada vez mais aspectos da nossa vida, no afã de nos proteger de todos os males que nos assombram. As expectativas de que os cidadãos maduros tomem conta de si mesmos, sem coagir os outros a essa tarefa, são consistentes com um princípio básico da liberdade: o de que numa sociedade livre ninguém vem ao mundo com uma obrigação legalmente aplicável de tomar conta de outras pessoas além de seus próprios filhos, especialmente de pessoas que jamais conheceu. A cidadania numa sociedade livre não deveria significar um dever legal de cuidar de estranhos: ou seja, um mandado estatutário para que você adote uma ou mais pessoas consideradas merecedoras pelos oficiais do governo.

> "Ninguém entende de verdade a política até compreender que os políticos não estão tentando resolver os nossos problemas. Eles estão tentando resolver seus próprios problemas – dentre os quais ser eleito e reeleito são número um e número dois. O que quer que seja o número três está muito atrás."
>
> Thomas Sowell

No seu livro *A Lei* (2019, p. 98-99), aquele mesmo Fréderic Bastiat ensina que temos uma tendência a acreditar em três fatores:

```
              Inércia radical da humanidade
                        /\
                       /  \
                      /    \
   Onipotência da lei /_____\ Infalibilidade do legislador
```

O autor lembra que, especialmente numa democracia, deposita-se, durante as eleições, uma grande fé na humanidade, em nossa capacidade de discernir: todos somos considerados capazes de eleger bons políticos, que, na qualidade de nossos representantes, decidirão, por nós, tudo aquilo que deve ser feito. Por outro lado, findo o período eleitoral, voltamos a experimentar condição de seres passivos, inertes, que precisam da condução do legislador para que não impere a barbárie, a reboque daqueles que passaram de simples representantes a detentores dos nossos destinos. Presume-se, como tese inevitável, que somos incapazes de nos organizar de maneira autônoma para fazer o bem, sem imposição estatal.

Cria-se, então, uma imagem de que é perigoso dar liberdade demais para os cidadãos. A coerção e o planejamento estatal surgem como a "solução milagrosa" para essa ameaça que nos assombra, qual seja: indivíduos livres...

> Que liberdade, aliás, se poderia deixar aos homens? Seria a liberdade de consciência? Mas veremos eles se aproveitarem dessa permissão para se tornarem ateus. A liberdade de ensino? Mas os pais rapidamente pagarão os professores para ensinar aos filhos a imoralidade e o erro; [...] se o ensino fosse deixado à liberdade nacional, ele deixaria de ser nacional, e criaríamos nossos filhos segundo as ideias dos turcos ou dos hindus, ao passo que, graças ao despotismo legal da universidade, eles têm a felicidade de serem criados nas nobres ideias dos romanos. A liberdade do trabalho? Mas isso é a concorrência, cujo efeito é deixar todos os produtos

sem ser consumidos, de exterminar o povo, e arruinar a burguesia. A liberdade do comércio? Mas, bem sabemos, os protecionistas já demonstraram fartamente, que um homem se arruína quando comercia livremente, e que, para enriquecer, é preciso comerciar sem liberdade. A liberdade de associação? Mas, segundo a doutrina socialista, liberdade e associação se excluem, pois, precisamente, só se aspira a subtrair dos homens sua liberdade para forçá-los a se associar (BASTIAT, 2019, p. 100-101).

Percebam o problema criado por esse tipo da mentalidade denunciada por Bastiat. Somos, cada vez mais, vistos como seres indefesos, incapazes de viver sem a proteção estatal, sem aquele sentimento horrendo paternalista que nos contamina em larga medida (quem aqui nunca pensou coisas como: "O brasileiro médio ainda não está preparado para..."? Quem aqui nunca experimentou este gosto de superioridade ao olhar para outros sublinhando que "ainda" não são capazes de agirem de modo civilizado?). Quanto mais tememos a liberdade, de mais coerção precisamos. Bastiat continua (2019, p. 101-102):

> Se as tendências naturais da humanidade são más o bastante para que se deva tirar sua liberdade, como é que as tendências dos organizadores são boas? Os legisladores e seus agentes não fazem parte do gênero humano? Eles se acham feitos de um barro diferente do resto dos homens? Eles dizem que a sociedade, abandonada a si própria, corre fatalmente para o abismo porque seus instintos são perversos. Eles pretendem detê-la nesse declive e dar-lhe uma direção melhor. Eles, portanto, receberam do céu inteligência e virtudes que os colocam fora e acima da humanidade; que mostrem seus títulos. Eles querem ser pastores, querem que sejamos rebanho. Esse arranjo pressupõe neles uma superioridade de natureza, e temos perfeitamente o direito de exigir uma prova prévia disso.

Assim, em verdade, embora travestido dos mais belos ideais, o coletivismo esconde o desejo de controle. Se você impõe uma obrigação não escolhida, um dever não recompensado, uma servidão involuntária a outro homem, o que você deseja é o "direito de escravizar". Um coletivista acredita ser capaz de moldar a sociedade, a fim de que ela atinja a perfeição. Mas como tornar iguais os desiguais, senão por coerção? Não há outra maneira, já que a desigualdade é inerente à nossa natureza, conforme já explicamos.

Com isso em mente, Friedrich Hayek, quando recebeu o Prêmio Nobel de Economia, em 1974, proferiu um discurso, que foi publicado com o título de *A Pretensão do Conhecimento*, no qual ele fala exatamente sobre o quanto, por vezes, tentamos transferir a lógica das ciências exatas para as ciências sociais. Acreditamos possuir, em nossas mãos, todos os fatores que nos permitiriam realizar cálculos acerca do que pode ser feito para fazer "justiça social", para eliminar males sociais os mais diversos, numa espécie de matematização da condição humana. No entanto – diz o autor –, a vida em sociedade é muito mais complexa do que parece, abrangendo fatores espontâneos por nós desconhecidos, que acabam por nos beneficiar/determinar. Nós, limitados que somos, temos conhecimento apenas sobre parte dos fatores que regem a nossa vida. Seria muita pretensão querermos ter controle absoluto, até mesmo do desconhecido. De fato, o reconhecimento dos limites insuperáveis do conhecimento deve ensinar ao estudioso da sociedade uma lição de humildade, que deve impedi-lo de tornar-se cúmplice na luta fatal dos homens pelo controle da sociedade – uma luta que o torna não só um tirano de seus semelhantes, mas que pode muito bem torná-lo o destruidor de uma civilização que não foi criada por nenhuma mente, mas surgida dos esforços livres de milhões de indivíduos (HAYEK, 2019, p. 30).

A tirania é uma consequência natural desse desejo pelo planejamento de uma sociedade ideal (fetiche de qualquer coletivista). E, vale lembrar: não estamos, aqui, falando de uma suposição. É só observar a nossa história!

O nazismo, o comunismo e o fascismo são os maiores exemplos de onde podemos chegar com a mentalidade coletivista. É claro que nenhum desses regimes totalitários surgiu do nada. Houve um processo de amadurecimento e implementação de ideais coletivistas na mentalidade daqueles povos, para que eles aceitassem, inertes, o que viria pela frente. Não estaríamos, também nós, mais e mais levados, por estes lados do Mundo, pelo canto da sereia totalitária?

Veja: é claro que ninguém, em sã consciência, aceitaria que um governo praticasse as mais diversas atrocidades que aconteceram. Entretanto, quando o coletivismo se instala na mente de alguém, tudo – tudo MESMO – se torna possível e aceitável, desde que seja em prol de uma "causa maior". Temos acompanhado preocupados a multiplicação dos discursos altamente utilitários com forte aceitação social. Não faz muito tempo, um *influencer* coletivista com conexões governamentais citou abertamente, e com ares de muita naturalidade, a possibilidade de assassinar adversários políticos como medida necessária. Outro, sempre com aquele ar *blasé* de quem pensa estar perdendo o seu tempo ensinando a pobres coitados como as coisas são, falava em silenciar "mesmo" as pessoas com opiniões contrárias às "verdadeiras" (por verdadeiras talvez devamos entender... as opiniões dele). A cracolândia ativista simplesmente não para.

No próximo capítulo, mostraremos em detalhes como se dá esse processo, pois, compreendendo-o, você será capaz de reconhecê-lo na realidade que nos circunscreve.

## >>> para não esquecer

- Os legítimos direitos individuais não são concessões do Estado ou de quem quer que seja: são inatos.
- São direitos naturais: a vida, a liberdade e a propriedade.
- Direitos negativos = liberdade de ação, sem intervenção estatal.
- O papel do Estado é impedir a violação desses direitos, não os conceder.
- Outros direitos nada mais são do que violações aos direitos naturais, já que impõem uma servidão involuntária.

- Um coletivista não reflete sobre eventuais efeitos negativos de suas boas intenções. Apenas considera os seus sentimentos em relação aos problemas existentes.
- Boas decisões – aquelas que solucionam problemas – não se pautam em sentimentos, mas na racionalidade.
- É possível que muitos estejam mais interessados na manutenção do poder e do prestígio do que na real solução dos problemas.
- A cada nova lei no ordenamento jurídico, menor a autonomia do indivíduo para tomar suas próprias decisões.
- Há uma presunção de que somos incapazes de nos organizar de maneira autônoma para fazer o bem, sem imposição estatal.
- Em uma visão coletivista, a liberdade é vista como "perigosa", e a solução proposta é mais coerção e planejamento estatal.
- Quanto mais temermos a liberdade, de mais coação precisamos.
- O coletivismo esconde o desejo de controle.
- Nazismo, comunismo e fascismo são os maiores exemplos das consequências últimas de uma mentalidade coletivista.

# CAPÍTULO 3 | A ARTE DE TRANSFORMAR INDIVÍDUOS EM MASSAS HUMANAS DE MODELAR

Como vimos no capítulo anterior, a mentalidade coletivista foi capaz de conduzir a humanidade para as páginas mais tristes da sua história. Quando olhamos para os números de mortos por ela deixados, ainda que nem todos absolutamente precisos, ficamos perplexos. A título de exemplo, o comunismo deixou um saldo aproximado de 100 milhões de mortos (COURTOIS *et al*, 1999).

Como é possível que tantas atrocidades tenham sido cometidas com o consentimento da população? Imagine só: se você soubesse que pessoas estão sendo torturadas e mortas pelas autoridades, não tentaria realizar algum tipo de mobilização para impedir a continuidade dessa situação? Talvez você esteja pensando: "Ah, mas isso só não aconteceu porque elas tinham medo da retaliação". Bem, seu raciocínio talvez esteja correto, mas apenas parcialmente. Veja: em muitos casos ao longo da nossa história vimos populações oprimidas se levantando contra governos, mesmo contra forças militares locais, em ações desesperadas, quase (ou em muitos casos) suicidas. Logo, não seria assim improvável que rebeliões generalizadas e tomadas de poder pelo povo se multiplicassem mundo afora, dada a absurda situação na qual vivemos.

Segundo o relatório da instituição *Freedom House*, em 2022 mais de 5 bilhões de pessoas viviam sob ditaduras plenas ou autocracias eleitorais. O número tem crescido nos últimos anos. Atualmente, 7 em cada 10 pessoas no mundo vivem em país considerado sem liberdade e sem democracia – e não quer dizer que todas essas democracias sejam coisa de gente livre!

Então, voltemos à pergunta inicial: por que aquelas atrocidades continuaram/continuam a acontecer, dia após dia, sem que a população reagisse/reaja?

**>>>**
**Preste bastante atenção aqui, pois você verá que, embora estejamos tratando de situações limítrofes (regimes totalitários), muitas das características podem ser identificadas, hoje, em discursos coletivistas. Isto porque, em essência, tudo isso é puro caldo de COLETIVISMO.**

O medo, por si só, não é capaz de manter um tirano no poder. Além de ser muito mais dispendioso investir em fiscalização e repressão de atos considerados ilícitos, não é nada prático. É muito mais inteligente trabalhar para que a população acredite naqueles ideais defendidos, de modo que os objetivos do governo sejam também os seus. Assim, voluntariamente, os governados estarão dispostos a colaborar. Dá muito menos trabalho educar os indivíduos para que eles mesmos entrem na "gaiola" se acharem que estar ali é o melhor que podem fazer, mesmo que os fatos gritem em sentido contrário.

> "Se o sentimento de opressão nos países totalitários é, em geral, bem menos agudo do que muitos imaginam nos países liberais, é porque os governos totalitários conseguem em grande parte fazer o povo pensar como eles querem."
>
> Friedrich Hayek

Como se dá esse processo? Bem, primeiramente, apontemos alguns fatores que levam à instalação de um regime totalitário, registrados por Hayek em seu livro *O Caminho da Servidão* (2010, p. 140):

1. Há uma insatisfação generalizada com o curso lento dos processos democráticos. Imediatistas que somos, diante de situações aparentemente insustentáveis, ansiamos por medidas rápidas, soluções "mágicas" para problemas graves;
2. E quem é visto como a "salvação"? Ele mesmo: o Estado! Exige-se uma ação governamental rápida e decidida, capaz de eliminar os problemas evidenciados;
3. Logo, o homem ou partido que transmitir uma maior segurança acerca de seu poder de fazer com que tudo funcione conforme o esperado torna-se mais sedutor. Para isso, ele precisa demonstrar não apenas firmeza de propósito em seus discursos, mas também repercutir forte apoio popular.

Mas como obter o apoio de tanta gente? A resposta mais lógica para essa pergunta é que é importante fazer com que o maior número possível de pessoas tenha opiniões semelhantes sobre as medidas governamentais a serem adotadas.

O consenso é essencial quando se busca o poder. Adriano Gianturco (2021, p. 143) enumera alguns benefícios:

1. Fortalece o regime. O estado e a classe política ficam mais fortes, e isso pode ser usado tanto para o bem quanto para o mal;
2. Limita a desobediência. Diminui o número de pessoas insatisfeitas, dos desobedientes, dos revoltosos. Os insatisfeitos restantes agora têm dificuldade maior de se organizar, e, se eles o fizerem, o custo de ignorá-los, boicotá-los, reprimi-los é mais baixo;

3. Limita o uso da violência. Quando há o consenso, a violência dentro da população e a violência entre súditos e políticos diminuem;
4. Diminui o custo de governar. Todos os fatores precedentes fazem com que o governante necessite usar menos recursos para governar, mobilizar menos pessoas, usar menos coerção, reprimir menos;
5. Aumenta o benefício de governar. Os governantes passam a ter uma reputação melhor, serão mais apreciados, mais legitimados e poderão aprovar mais projetos com facilidade.

Porém, apesar da sua importância, o consenso sobre os mais diferentes aspectos governamentais é muito difícil de ser alcançado, sobretudo em um grupo numeroso, dada a grande diversidade de mentes existente. Perceba que dissemos que é difícil, e não que é impossível. Com as técnicas certas, é possível alcançá-lo. Mas, quando compreendemos o que há por trás de um forte apoio popular, não é difícil visualizar que há uma probabilidade muito maior de que apenas os piores indivíduos cheguem ao poder. Hayek (2010, p. 142) aponta algumas estratégias, sendo a primeira delas buscar as camadas com mais baixo grau de educação. Isso porque, quanto mais cultas e inteligentes forem as pessoas que se pretende atingir, mais difícil será fazê-las chegar a um acordo sobre as decisões a serem tomadas e às quais, em última instância, deverão se submeter de bom grado. Seus gostos e opiniões serão demasiadamente diversos e mais qualificados. Imagine isso num país com os índices educacionais do Brasil.

Então, é natural que se busque, por meio dos discursos, atingir aqueles com menor grau de instrução, atendendo aos seus instintos mais primitivos e comuns. Mas é claro que só isso não seria suficiente, pois é preciso atingir outras camadas da população. Eis o próximo passo: atingir aqueles que são mais dóceis e simplórios, sem convicções próprias, que facilmente aceitariam um sistema de valores fabricado, e transmitido com certo grau de insistência.

Visando a tocar os corações desse público específico, os discursos devem ser carregados de ideias vagas, termos genéricos, sem qualquer ponte com o mundo concreto. Aliás, as palavras exercem um papel considerável na difusão de ideais coletivistas. Não é por acaso: o público que se deseja atingir tem uma facilidade maior de ter suas emoções e paixões manipuladas, e é esse o principal objetivo. Quer saber como isso acontece? Vamos lá!

Tratando-se de um regime totalitário já estabelecido, vê-se um forte investimento em propaganda. Todas as fontes de informação, direta ou indiretamente controladas pelo governo, são voltadas para a difusão das ideias desejadas: jornais, rádios, programas televisivos, livros, escolas... A todo momento, os cidadãos são bombardeados com informações direcionadas à ideologia que se pretende instalar.

A depender do tempo de exposição a essas informações, sem que haja outras fontes contrárias, é provável que até o mais cético passe a acreditar no que está sendo dito. E, assim, consegue-se chegar à desejada padronização de mentes, onde todos aprendem que a obediência é uma virtude, e que questionar, pensar diferente dos demais, é o pior dos pecados.

Por meio dessa propaganda intensiva, as regras morais são destruídas e substituídas por mando puro e simples, na mesma medida em que se elimina o senso da verdade e o respeito a ela. Os fatos são distorcidos, moldados propositadamente aos valores que se pretende transmitir.

Os governantes precisam valer-se da arte da manipulação para revestir seus caprichos despóticos de uma aparência justificável e moral, de forma que os meios – quaisquer que sejam eles – se tornem aceitáveis pelo povo. Daí, surgem teorias pseudocientíficas, com o papel de preencher eventuais lacunas explicativas, sendo elas incorporadas à doutrina dominante. Com isso, o que era um mero preconceito daquele que estava no poder, reveste-se de uma aparência racional, científica e digna.

Imagine então que, hoje, um grande líder decida perseguir um determinado grupo étnico. Existe alguma justificativa racional para que seres humanos maltratem outros com base em sua etnia? Claro que não! Porém, é possível conduzir o povo ao raciocínio de que os que a integram são impuros, com "estudos" de aparência séria, científica, para embasar esse posicionamento. E note: se partirmos do pressuposto de que determinada etnia é impura e que, por isso, representa alguma forma de perigo para nós e para aqueles que amamos, não é difícil chegar à conclusão de que algo deve ser feito contra ela, para "proteger a coletividade".

Assim, as pessoas são persuadidas de que os valores ideológicos são os mesmos que elas haviam adotado antes, só que vistos sob uma nova interpretação, para a qual não se ativeram (é o famoso: "eu defendo a liberdade, sim, mas...").

Devidamente instalada nas mentes das pessoas, acontece um fenômeno interessante no ambiente coletivista: uma notável intensidade de emoções morais. Talvez ela só se equipare à dos grandes movimentos religiosos da história (grandes romarias, encontros de fé e coisas do gênero). Quando se consegue penetrar o ambiente emocional, tudo é possível, uma vez que as travas racionais para a ação são desligadas.

E sabe o que é ótimo para unir pessoas? Um programa negativo, como o ódio a um inimigo, ou a inveja aos que estão em melhor situação. É o clássico "nós *versus* eles"; a luta do grupo contra os que estão fora dele. Daí, temos: "ricos *versus* pobres", "mulheres *versus* homens", "brancos *versus* pretos" etc. É impressionante como esse apelo está presente em parte considerável do discurso coletivista!

Essa estratégia é tão utilizada exatamente por ser sobremaneira eficaz, por gerar fidelidade irrestrita de grandes massas. O ser humano, por natureza, aprecia essa sensação de pertencimento a um grupo, e é aí que está a principal razão de o discurso coletivista ser tão atrativo: odiamos ficar de fora, mesmo que estar acolhido signifique ser conduzido como um animal irracional.

Outra característica curiosa é que, diferentemente do que ocorre no individualismo, há um forte interesse pelos hábitos dos indivíduos. Cada membro do grupo deve ser útil para a causa e, por isso, deve cultivar determinadas qualidades, praticando-as constantemente (e de modo tão explícito quanto possível). Afinal, é de extrema importância criar determinados padrões para os componentes do grupo, a fim de facilitar a sua identificação. É preciso que tenham modos típicos de falar e pensar sobre os mesmos assuntos: um vocabulário comum é mesmo essencial. Portanto, aqueles que não se posicionarem de maneira semelhante aos demais acerca de temas caros àquele grupo não podem ser considerados seus membros (se você disser "presidenta", já sabemos de qual grupo faz parte). Então, vamos lá, se você é preto e não apoia o sistema de cotas, será duramente julgado (quem não se lembra dos ataques grotescos do tipo "capitãozinho do mato" ou "preto de alma branca"). Lembre-se: não há espaço para o pensamento individual! Só as decisões do grupo importam, ainda que você tenha suas próprias razões para pensar diferente. O que você merecerá por ousar pensar sozinho será o desprezo dos seus "companheiros" e, em muitos casos, a solidão típica de quem pensa criticamente, fora de bolhas ou influências não civilizadas

O respeito é reservado apenas àqueles que cooperam para os objetivos estipulados pela coletividade. Sua dignidade advém da cooperação, e não da condição de ser humano. Assim, movido pelo desejo de aceitação, o sujeito termina se submetendo, ainda que contrariando seus desejos mais íntimos. Aliás, a atividade grupal confere um sentimento de superioridade aos indivíduos, em relação aos que não fazem parte da tribo. Por exemplo, uma mulher integrante do movimento feminista se acha superior àquela que opta por não aderir à causa. Esta última pode escolher ingressar no movimento pura e simplesmente em razão do desejo de aceitação, do sentimento de inferioridade causado por não integrar aquele círculo.

Também merece destaque o fato de que, estando em um grupo, as pessoas deixam de lado algumas restrições morais que normalmente adotariam individualmente. Você pode ser uma pessoa pacífica, em sua vida pessoal, e adotar uma postura bélica publicamente, proferindo os mais diversos xingamentos, ou mesmo praticando agressões físicas, quando essa for a tendência do grupo. Se a causa pela qual se luta é colocada em um patamar superior a qualquer interesse individual, não é difícil chegar até mesmo a ações mais graves, como a prática de homicídio ou tortura. Foi exatamente esse o ponto a que chegaram os nazistas, comunistas e fascistas. Tudo poderia ser justificado, por haver uma "causa maior".

> "Quando toda a sociedade é dominada por alguns fins específicos, é inevitável que, vez por outra, a crueldade se torne um dever."
>
> **Friedrich Hayek**

Em nome dessa causa, é necessário reunir a maior quantidade de poder possível, para que ela possa ser concretizada. Por isso, pode-se dizer que, para o coletivista, o poder é um fim em si mesmo.

Os coletivistas tiram o poder dos indivíduos sob o pretexto de que é perigoso deixar que cada um siga seus próprios desígnios, e que é melhor que apenas um pequeno grupo dite as normas, guiando aos demais. Todavia, ao fazer isso, eles estão CENTRALIZANDO o poder nas mãos de poucos, aumentando-o em um grau infinito.

De tudo isso, extraímos duas conclusões:
1. O coletivismo precisa de um sistema de objetivos aceito por todos os membros do grupo (é preciso que haja um consenso);
2. É preciso conferir ao grupo o máximo de poder possível, a fim de que os objetivos sejam concretizados.

Outro atributo marcante que vemos nessa filosofia é a inexistência ou escassez de regras gerais, aplicáveis a todos, indistintamente, em qualquer circunstância. No afã de regular todos os aspectos das vidas dos cidadãos, há um esforço notável para criar exceções, situações nas quais as regras gerais não devem ser aplicadas, mas sim outras normas, específicas.

Aqui, pedimos licença para mostrar que essa situação já ocorre no Brasil. Além de possuirmos uma Constituição extremamente prolixa, temos uma infinidade de normas que pretendem regular tudo. Mas a vida em sociedade é demasiadamente complexa e conta com fatores de imprevisibilidade cuja existência os legisladores parecem não aceitar. Para se ter uma ideia, um estudo[3] feito pelo Instituto Brasileiro de Planejamento e Tributação (IBPT) constatou que, desde a Constituição Federal de 1988 até 2020, foram editadas pouco mais de 6,4 milhões de normas, o que daria uma média de 800 normas por dia útil. Só em matéria tributária, foram editadas 419.387 normas. São cerca de 36 normas tributárias por dia, ou 1,5 por hora. É ridículo!

Como se não bastasse, ainda temos, a cada dia, a entrada em vigor de novas leis no ordenamento. Em um círculo vicioso, quanto mais leis temos, mais leis se tornam necessárias, e, assim, o Estado vai tomando cada vez mais decisões por nós (aqui vale a máxima: "aos amigos, tudo... aos inimigos, a lei"; sempre haverá uma enfiada em algum livro para punir um adversário/inimigo).

---

3. Disponível em: https://ibpt.com.br/estudo-sobre-a-quantidade-de-normas--editadas-no-brasil-desde-a-ultima-constituicao-2020. Acesso em: 01/01/2022.

Ademais, a ética coletivista eleva ao patamar supremo a premissa de que os fins justificam os meios. O único critério que justifica a ação é o de contribuir para a concretização dos objetivos daquele grupo – Hayek chama isso de "razão de Estado". Dado que o indivíduo é apenas um meio para o alcance dos fins, sua felicidade pessoal é colocada em último plano – para não dizer completamente ignorada.

Com isso em mente, tenha certeza de que, havendo conflito entre direitos individuais e direitos coletivos, estes últimos serão priorizados. Os anseios e valores do indivíduo jamais prevalecerão sobre os da coletividade. Em outras palavras: a vida e a felicidade individuais são insignificantes! Se o indivíduo não importa, suas opiniões importam menos ainda! Assim, é feito um esforço para silenciar a minoria que se mantém inclinada à crítica. Tudo que for feito pelo Estado em nome do "bem comum" é elevado a um patamar sagrado, que, de maneira alguma, poderá ser questionado. Por tal motivo, é comum que haja um altíssimo grau de intolerância e uma brutal supressão da dissidência.

Ora, como vimos, o apoio popular é de suma importância para que o governante se mantenha no poder. Vozes divergentes, ainda que sejam minoritárias, são capazes de minar esse apoio, razão pela qual toda informação que possa causar dúvidas ou hesitações sobre a justeza das decisões governamentais é rapidamente suprimida. Grupos de poder frequentemente se perguntam: "Essa informação pode afetar a lealdade do povo ao sistema?". Se a resposta for positiva, ações retaliatórias são tomadas.

De fato, há um rígido controle da informação em todos os âmbitos, sobretudo no da educação, pois é de suma importância que as mentes sejam moldadas de acordo com a ideologia, a fim de que todos acreditem na justeza das decisões da autoridade, que aqueles são os meios mais justos para atingir os fins pretendidos. Logo, tudo que é ensinado se volta para a justificação das ideias oficiais, mesmo aquelas matérias que, originalmente, não teriam qualquer relevância política, como a matemática:

> Ao que tudo indica, a própria matemática pura não está isenta de ataques, e o fato de se possuir determinados pontos de vista sobre a natureza da continuidade pode ser atribuído a 'preconceitos burgueses'. Segundo os Webb, a *Revista de Ciências Naturais Marxistas--Leninistas* tem os seguintes slogans: 'Nós defendemos a matemática do partido. Nós defendemos a pureza da teoria marxista-leninista na cirurgia'. A situação parece muito semelhante na Alemanha. A *Revista da Sociedade Nacional-Socialista de Matemáticos* está repleta de expressões como 'matemática do partido', e um dos mais conhecidos físicos alemães, Lennard, detentor do Prêmio Nobel, deu à obra a que dedicou toda a sua existência o título de *Física Alemã em Quatro Volumes* (HAYEK, 2010, p. 159).

Uma última e importante característica dos regimes totalitários trazida por Hayek é a condenação das atividades humanas exercidas pura e simplesmente por prazer. "A ciência pela ciência, a arte pela arte, são igualmente abomináveis aos nazistas, aos nossos intelectuais socialistas e aos comunistas. Toda atividade deve ser justificada por um objetivo social consciente", diz ele (2010, p. 159). Considerando que absolutamente todas as atividades devem, de alguma forma, contribuir para o plano governamental (para "o bem da coletividade"), não é admitida a existência de atividades com finalidades diversas, nem mesmo para o lazer.

Veja só o que o Hayek (2010, p. 160) diz sobre isso:

> Por incríveis que possam parecer tais aberrações, não devemos considerá-las simples subprodutos acidentais que nada têm a ver com o caráter essencial de um sistema dirigido ou totalitário. Seria um erro. Elas são o resultado direto do desejo de fazer com que tudo seja dirigido por 'uma concepção unitária do conjunto', da necessidade de defender a todo custo as ideias em nome das quais se exige das pessoas sacrifícios constantes, da ideia geral de que os conhecimentos e as crenças do povo são instrumentos a

serem usados para uma finalidade única. Quando a ciência tem de servir não à verdade, mas aos interesses de uma classe, de uma comunidade ou de um estado, o fim único da argumentação e do debate é justificar e difundir ainda mais as ideias por meio dos quais é dirigida toda a vida da comunidade. Como explicou o ministro da Justiça nazista, a pergunta que toda nova teoria científica deve fazer a si mesma é: 'Estarei servindo ao nacional-socialismo para maior benefício de todos?'.

Então, agora que você entendeu o papel crucial do controle da difusão de informações, precisamos destacar um detalhe que faz toda a diferença: o uso ardiloso da linguagem como trunfo para transformar as mentes da população, introduzindo a ideologia. Utiliza-se uma técnica de manipulação que faz com que velhas palavras assumam novos significados, adequando-se aos ideais do novo regime que se quer implantar. É até difícil de acreditar, mas, "liberdade" é uma palavra tão utilizada nos regimes totalitários quanto em quaisquer outros. Só que, claro, a ela é dado um sentido totalmente distinto do que estamos acostumados, passando a significar liberdade segundo a perspectiva de certo exercício de poder.

Veja que interessante: com essa técnica, uma palavra pode, facilmente, passar a ter o seu significado oposto. Porém, o orador aproveita-se de um sentimento positivo associado a ela, que permanece no subconsciente da população. "Liberdade" traz conforto aos ouvidos, traz bons sentimentos. Logo, estrategicamente, ela é inserida nos discursos, ainda que com sentido deturpado. Assim, ocorre um esvaziamento de significado, e, de repente, ninguém sabe mais do que está falando, perdendo o senso sobre a realidade e o poder de análise dos fatos que acontecem ao seu redor. Apenas permanecem os sentimentos positivos ou negativos vinculados a determinados termos. O sentido das palavras naufraga, substituído por uma espécie de adesão acrítica e espontânea dos usuários da língua.

Em outra de suas obras, *The Fatal Conceit*[4], Hayek denomina essas palavras, cujos significados são esvaziados, "palavras doninhas" (*weasel words*). O nome faz referência a um termo popularizado na língua inglesa, com origem em uma peça de teatro de William Shakespeare, intitulada *As You Like It*, na qual é dita a frase: "Eu sugo a melancolia de uma canção como a doninha faz com os ovos" (XAVIER, 2019, p. 225).

O autor (2017, p. 159) explica o uso do termo:

> Assim como a doninha seria supostamente capaz de esvaziar um ovo sem deixar sinais visíveis, essas palavras esvaziam de conteúdo qualquer termo que qualificam, deixando-o aparentemente intacto. Usam-se as palavras doninhas para cortar as garras de um conceito que se é obrigado a empregar, mas do qual se deseja eliminar todas as implicações que ameaçam as próprias premissas ideológicas.

Outros exemplos de palavras doninhas: "justiça", "lei", "direito", "igualdade", "socialismo", "capitalismo". Estas duas últimas tiveram seu significado tão deturpado que, mesmo ainda muito utilizadas atualmente, poucos saberiam defini-las com alguma correção semântica, mesmo seus defensores e seus críticos mais contumazes.

Mas duas palavras, em especial, levam o autor a ponderações mais cuidadosas: "sociedade" e "social". Isto porque elas ganharam inúmeras derivações, sobretudo graças a filósofos alemães como Karl Marx, e passaram a ser amplamente utilizadas no meio político, a fim de ludibriar os eleitores.

Sabemos que "sociedade" tem sua origem no termo em latim *societas*, tendo, em seu sentido original, uma ideia de relação entre indivíduos ou de situação de fato existente. Porém, essa palavra tem assumido um caráter animista, sendo-lhe atribuídas intenções, uma espécie de "persona". Com isso, presume-se que os indivíduos inseridos em uma determinada sociedade tenham os mesmos propósitos, exigindo-se, para alcançá-los, uma colaboração consciente.

---

4. No Brasil, lançado com o título *Os Erros Fatais do Socialismo*.

Recorda-se de quando falamos que, na mentalidade coletivista, temos um grupo de pessoas que, por assim dizer, se torna uma única pessoa, com ações próprias? É a esse caráter animista que ele se refere. E perceba que essa ideia provém de uma escolha meticulosa das palavras inseridas no discurso político.

Acontece que, para além disso, cada indivíduo que compõe uma sociedade tem seus próprios interesses e objetivos de vida. Não parece honesto supor que um grupo composto por indivíduos tão plurais tenha os mesmos ideais, intenções e desígnios. Mas é exatamente isso que se faz quando se atribui esse caráter animista à palavra "sociedade", personificando-a:

> A diferença crucial negligenciada nessa confusão é que o grupo reduzido pode ser guiado em suas atividades por propósitos convencionados ou pela vontade de seus membros, ao passo que a ordem ampliada, que é também uma 'sociedade', compõe-se de uma estrutura harmônica porque seus membros observam regras de conduta semelhantes na busca de propósitos individuais diferentes. O resultado desses esforços diversos na observância de regras semelhantes de fato mostrará algumas características similares àquelas de um organismo que possui cérebro ou mente, ou àquilo que um organismo desse tipo organiza deliberadamente, mas é errôneo considerar tal 'sociedade' sob o aspecto animista ou personificá-la, atribuindo-lhe vontade, intenção ou desígnio (HAYEK, 2017, p. 155).

O resultado disso é que, esvaziando-se a ideia da existência de uma pluralidade de indivíduos, reduz-se o termo de maneira simplista, abrindo espaço para que aqueles que nutrem o desejo pelo poder possam conduzi-los mais facilmente. Esse é o caminho para que se estabeleça a tirania:

> Assim, a palavra 'sociedade' tornou-se um rótulo conveniente para denotar praticamente qualquer grupo de pessoas, a respeito de cuja estrutura ou razão de coerência não é necessário conhecer nada – uma improvisação à qual os indivíduos recorrem quando

não sabem sequer do que estão falando. Pelo visto, um povo, uma nação, uma população, uma empresa, uma associação, um grupo, uma horda, um bando, uma tribo, os membros de uma raça, de uma religião, de uma modalidade esportiva, de um espetáculo, os habitantes de qualquer lugar específico são todos, ou constituem todos, sociedades (HAYEK, 2017, p. 154).

Outro exemplo de palavra doninha, como antecipamos, é o adjetivo "social", que também passou a ser frequentemente empregado no jargão político. Em seus estudos, Hayek se dispôs a anotar todas as palavras que via acompanhadas do termo – por exemplo: "ação social", "direitos sociais", "consciência social" entre outras – e chegou ao surpreendente número de 160 (agora estamos na fase do "racismo": temos "racismo estrutural", "racismo geográfico", "racismo ecológico" e tantos mais se você for suficientemente criativo).

Por isso, ele dedicou atenção especial ao uso do termo, e até mesmo reservou um volume inteiro do seu livro de três volumes intitulado *Law, Legislation and Liberty* para a denominada "justiça social":

> O apelo para a 'justiça social', no entanto, tornou-se, atualmente, o mais amplamente utilizado e o mais efetivo argumento no discurso político. Quase todo o clamor para a ação governamental em prol de grupos em particular é feito em seu nome, e se puder se fazer parecer que uma certa medida é demandada por 'justiça social', a oposição se enfraquecerá rapidamente. As pessoas podem contestar se uma medida em particular é requerida pela 'justiça social'. Mas que esse é o padrão que deve guiar a ação política, e que a expressão tem um significado definido, dificilmente é questionado. Como consequência, hoje provavelmente não existem movimentos políticos ou políticos que não apelem prontamente para a 'justiça social' como suporte para as medidas particularmente defendidas por eles[5] (HAYEK, 2013, p. 65).

---

5. A tradução do trecho foi feita pelos autores.

Mas é claro que – como você já deve ter percebido – a manipulação não é algo próprio de regimes totalitários explícitos, bem marcados como tais. Trata-se de um recurso amplamente utilizado pelos coletivistas também nos regimes democráticos. Aliás, o domínio dessa arte tem sido crucial para conquistar um maior número de votos e, assim, garantir a ascensão ao poder. Neste jogo, intelectuais, os que compõem o assim denominado *establishment*, desenvolvem papel fundamental. Falemos mais detidamente sobre este ponto.

## >>> para não esquecer

### > Situações que antecedem um regime totalitário
- Insatisfação generalizada.
- O Estado surge como salvação.
- É escolhido o homem ou partido que oferecer mais segurança, mais firmeza de propósito e que tiver mais apoio popular.

### > CONSENSO: Benefícios
- Fortalece o regime.
- Limita a desobediência.
- Limita a violência.
- Diminui custos de governar.
- Aumenta os benefícios de governar.

### > CONSENSO: Estratégias
- Buscar camadas com menor grau de educação.
- Atingir os mais dóceis e mais simplórios, sem convicção própria.
- Preencher discursos com ideias vagas.
- Padronização de mentes.

- Eliminar o senso da verdade e o respeito a ela.
- Estabelecer uma notável intensidade de emoções morais.
- Criar um programa negativo, como o ódio a um inimigo, ou a inveja aos que estão em melhor situação (nós *versus* eles).

## > COLETIVISMO: Características

- Forte interesse pelos hábitos dos indivíduos.
- O respeito é reservado apenas àqueles que cooperam para os objetivos estipulados por aquela coletividade.
- Há um sentimento de superioridade de quem está dentro em relação a quem está fora.
- Quem está fora sente-se constrangido de não participar.
- Estando em um grupo, as pessoas deixam de lado algumas restrições morais que normalmente teriam individualmente.
- Para o coletivista, o poder é um fim em si mesmo.
- Inexistência ou escassez de regras gerais, aplicáveis a todos, indistintamente, em qualquer circunstância.
- Os fins justificam os meios.
- O indivíduo é visto como meio para o alcance dos fins.
- Havendo conflito entre direitos individuais e direitos coletivos, estes últimos serão priorizados.
- Há um esforço para silenciar a minoria que se mantém inclinada à crítica.
- Existe um altíssimo grau de intolerância e uma brutal supressão da dissidência.
- Condenam-se as atividades humanas exercidas pura e simplesmente por prazer.
- Uso ardiloso da linguagem para fins de manipulação (palavras doninhas e o esvaziamento de significado).
- Provoca-se a perda do senso de realidade e de análise dos fatos.

# CAPÍTULO 4 | O PAPEL DOS INTELECTUAIS FALSEADORES DA REALIDADE

Thomas Sowell, na sua obra *Os Intelectuais e a Sociedade*, estabelece uma distinção entre os "intelectuais" propriamente ditos e a *intelligentsia*. Os primeiros seriam aqueles "cujas ocupações profissionais operam fundamentalmente em função de ideias", como escritores e acadêmicos, vale dizer (SOWELL, 2011, p. 17):

> O trabalho de um intelectual começa e termina com ideias, sem levar em conta a influência que essas ideias possam ou não exercer sobre a vida concreta – nas mãos de terceiros. Adam Smith nunca administrou um negócio e Karl Marx nunca gerenciou um Gulag. Os dois eram meros intelectuais.

E essa tal *intelligentsia*? Bom, ele ensina tratar-se de uma categoria "cujo papel se restringe ao uso e à disseminação" de ideias. Aqui estariam os professores (ao menos parte deles), jornalistas em geral, ativistas sociais; são pessoas que se utilizam das ideias criadas pelos intelectuais. Também estão incluídos na categoria aqueles que são meros curiosos, que apenas lançam mão dessas ideias quando lhes convém.

As duas categorias, na visão do autor, fazem parte de uma única "casta superior" – que ele denominou "intelectuais ungidos" –, cujas opiniões têm impacto na vida cotidiana das comunidades. Por ser importante, note: ainda que sejam especialistas em determinado tema, é impossível que tenham domínio sobre todos os outros assuntos com grau superior de competência. Então, mesmo tendo uma vida inteira dedicada aos estudos, ninguém jamais deterá mais do que ínfima porcentagem de todo o conhecimento disperso na sociedade. Ainda assim, o intelectual ungido coloca-se em patamar de superioridade perante os demais – desprezando o conhecimento do homem comum –, a ponto de querer decidir os rumos que "a sociedade" deve tomar. São os denominados "planejadores sociais".

Ele, o intelectual ungido, deseja tanto o "bem comum" que almeja mesmo concentrar o máximo de poder para impor os seus ideais messiânicos, filhos de sua autoproclamada superioridade cognitiva. Aí, como é usual nestes casos, ganham destaque a "vontade", a "compaixão", a "bondade", a "empatia", termos clássicos proferidos por tiranetes de plantão. Enfim, teria ele, aquele senhor "ungido", conhecimento suficiente para solucionar os problemas sociais da *pólis*? Bem, não importa! Intenções acima de tudo, como manda a ética coletivista. E é exatamente por ser colocado nesse "pedestal" que suas palavras não passam por uma verificação fática, e não há qualquer preocupação em prestar contas sobre o que diz. Logo, é daquele tipo que não paga o preço por suas afirmações equivocadas.

O quadro relativo aos intelectuais ungidos é substancialmente diferente daquele concernente a outras profissões. Uma comida ruim sempre será prova suficiente de que a ideia/técnica do cozinheiro não funciona na prática. O mesmo se aplica a engenheiros civis, nos resultados de suas construções. É fácil associar o resultado à causa, e, portanto, os profissionais ruins são devidamente responsabilizados por seus erros. Os bons colhem os frutos da sua sagacidade e da sua competência. Com a *intelligentsia* é diferente, e Sowell mostra um exemplo prático:

> Diferentemente de engenheiros, de médicos ou de cientistas, a *intelligentsia* não encontra nenhuma séria restrição ou sanção baseada em verificação empírica. Ninguém poderia ser processado por inépcia, por exemplo, ao ter contribuído para a histeria causada em torno do inseticida DDT e que levou a seu banimento em muitos

países por todo o mundo, mas que custou a vida de literalmente milhões de pessoas devido ao reaparecimento da malária. Por outro lado, médicos cujas ações tiveram uma ligação muito mais tênue com complicações médicas sofridas por seus pacientes tiveram que pagar milhões de dólares em compensações por prejuízos, ilustrando, uma vez mais, uma diferença fundamental entre as circunstâncias profissionais da *intelligentsia* e as circunstâncias das pessoas em outras profissões igualmente exigentes do ponto de vista mental (SOWELL, 2011, p. 463-464).

Quando você está nessa posição confortável de não pagar o preço por estar errado, convenhamos, é muito mais fácil sustentar posições equivocadas. Os impactos dessas ideias, embora não tardem a aparecer, demandam uma análise fria e criteriosa dos fatos para que sejam notados. E, claro, os intelectuais ungidos não são ingênuos! Farão uso de habilidades retóricas para furtar-se aos testes que verificarão se suas teses, de fato, solucionam os problemas da vida prática.

> "A primeira coisa que um homem fará pelos seus ideais é mentir."
>
> **Joseph Schumpeter**

Indivíduos que julgam ter visão especial das coisas, sem qualquer compromisso com os fatos, gozam de um estado especial de graça. Eles não se consideram apenas justos, verdadeiros ou honestos: pensam estar num patamar moral superior. Discordar deles com evidências não é apenas algo que consideram "equivocado", mas um pecado, um mal a ser combatido em cruzadas ideológicas (SOWELL, 2021, p. 21):

> Os insipientes devem ser 'informados', ter suas 'consciências elevadas' e há uma ardente esperança de que irão 'amadurecer'. Caso os insipientes se mostrem recalcitrantes, entretanto, sua 'falta de caráter' deve ser enfrentada e as 'razões verdadeiras' por trás de seus argumentos e ações devem ser expostas.

Há aqui um direcionamento de esforços para omitir fatos e dados estatísticos que não contribuam para a narrativa desejada ou restringir sua liberação. Assim, tudo passa por uma espécie de filtro antes de ser divulgado.

Vejamos um entre os vários exemplos apontados por Sowell (2011, p. 196-197):

> Um estudo baseado em dados estatísticos realizado pelos ex-reitores universitários William Bowen e Derek Bok foi amplamente saudado. Suas conclusões endossavam a implantação das diretrizes do movimento de ação afirmativa em relação à admissão para as faculdades. Mas quando o professor Stephan Thernstrom, de Harvard, cujas visões sobre o movimento de ação afirmativa não coincidia com as deles, buscou obter acesso aos dados primários sobre os quais as conclusões do estudo se baseavam, ele teve o acesso negado. De forma semelhante, quando o professor de direito da UCLA, Richard Sander, procurava testar teorias concorrentes sobre os efeitos da ação afirmativa nas escolas de direito, obtendo dados a partir dos resultados que mostravam os índices de aprovação nos exames por raça no estado da Califórnia, defensores da ação afirmativa ameaçaram processar o foro responsável caso o estado liberasse tais informações e o foro estadual se recusou a liberar os dados.

Todos sabemos das excelentes intenções dos defensores das ações afirmativas (bem, talvez não de todos eles). Mas seriam elas eficazes para os fins a que se propõem? Ou estamos, com elas, varrendo o problema para debaixo do tapete, com uma falsa solução populista/coletivista? Experimente fazer esse simples questionamento. Não demorará até que você seja tachado de racista (ou de qualquer outro -ista ou -fóbico, a depender do tema em confronto). Assim funciona a tentativa de construir uma narrativa única em um ambiente "democrático". Se os números são favoráveis a ela, rapidamente são divulgados, sem qualquer averiguação criteriosa de sua plausibilidade e veracidade. Há uma maior propensão à aceitação cega. A coisa toda funciona assim: suponha que está a discutir com um amigo sobre determinado assunto, e resolve fazer uma busca on-line sobre o tema. Passa pelo primeiro, pelo segundo, pelo terceiro site, até que... "AHA!", descobre uma estatística que endossa o seu argumento, o seu ponto de vista. Seja sincero: nesse momento, no auge da discussão, com os nervos à flor da pele, você muito provavelmente sequer se importará em verificar se aquelas estatísticas fazem real sentido em confronto com as suas intuições. A tendência, que criticamos em outros, mas que está sempre a flertar conosco, é a de você simplesmente despejar sobre o seu amigo um punhado de números que você mal consegue analisar para "provar" que está certo. É exatamente isso que acontece com "os ungidos" e, por isso, Sowell criou o termo "estatísticas 'AHA!'". Veja este trecho, onde o autor traz um exemplo do que vemos corriqueiramente:

> Diferenças entre homens e mulheres quanto à renda são também continuamente citadas como provas de discriminação, pois homens e mulheres com a 'mesma' educação recebem salários diferentes. Suponhamos, por exemplo, que tentemos deixar constante a variável da educação, examinando os dados estatísticos de renda apenas para homens e mulheres que têm ensino superior. Ainda existe uma diferença de renda entre os sexos nesse nível de agregação, e se nós nos contentarmos em parar aqui – a escolha de em que lugar parar sendo inerentemente arbitrária –, então, podemos escolher chamar as diferenças residuais de renda como prova de discriminação sexual. Entretanto, se reconhecermos que graduados na faculdade incluem pessoas que, em seguida, iniciam cursos

> de pós-graduação, e que esta também influencia o salário, logo, podemos querer seguir adiante para o próximo nível de agregação e comparar mulheres e homens que fizeram pós-graduação. Agora descobriremos que a proporção de homens e mulheres com diplomas de pós-graduação difere da proporção daqueles com curso de graduação – as mulheres, por pouco, superam em número os homens no nível de bacharelado, mas são superadas por mais do que o dobro no nível de mestrado e por 59% no nível de doutorado. Claramente, quando comparamos mulheres com educação superior e homens, o que inclui aqueles que fizeram pós-graduação, ainda não podemos realizar essa comparação, porque a educação total não é a mesma.
>
> Dessarte, suponha que sigamos adiante para o próximo nível de agregação em busca da comparabilidade e examinar apenas homens e mulheres que fizeram um doutorado. Mais uma vez, descobriremos não só disparidades como também desproporções mutáveis de disparidades. Apesar de as mulheres terem 37% de todos os doutorados, as áreas nas quais elas se formam diferem radicalmente das áreas nas quais os homens se formam – com os homens mais concentrados nas áreas das exatas, científicas e *remunerativas*. Enquanto as mulheres recebem quase metade dos doutorados nas ciências sociais e mais da metade nas áreas de educação, os homens detêm mais de 80% dos doutorados nas ciências naturais e mais de 90% em engenharia. Continuamos fazendo comparações impraticáveis (SOWELL, 2021, p. 71-72).

Consegue perceber como as coisas são muito mais complexas quando se resolve fazer uma pesquisa séria? Mas, para "os ungidos", é mais confortável encerrar suas investigações por aí, na superfície das aparências, e trazer a informação simplista de que, para ficarmos em nosso exemplo, existem disparidades salariais entre homens e mulheres (porque essa é a narrativa desejada).

Mas a coisa vai além: "os ungidos" também costumam conduzir os rumos da sociedade ao criar imagens fictícias de determinados indivíduos e até mesmo de outras nações. Por meio do seu trabalho, eles podem influenciar diretamente o modo como se percebe reputação de alguém, tornando-o anjo ou demônio perante a opinião pública. Isso traz implicações em soluções judiciais de crimes amplamente divulgados, em eleições, em políticas públicas (é o tal "clamor público"). Se eles erram, quem paga o preço? Você percebe, então, a importância que eles têm na condução dos rumos da sociedade? "Perfeito, mas, se 'os ungidos' ocupam todos esses espaços de relevância na sociedade, o que devo fazer para não ser vítima das falácias?", é provável que você se pergunte.

Em primeiro lugar, é preciso ter em mente que não existe – NÃO EXISTE MESMO! – ser humano na Terra que seja imparcial ou objetivo sempre e a respeito de tudo. E é natural que seja assim, pois todos nós carregamos nossas crenças, experiências, visões de mundo. Por isso, querendo ou não querendo, o nosso trabalho será reflexo do que somos, de como pensamos, do que desejamos.

> "Se os cientistas fossem naturalmente objetivos, não haveria necessidade de se dedicar tanto tempo e esforço na elaboração e na formatação de métodos científicos objetivos."
>
> **Thomas Sowell**

Com isso em mente, é importante cultivar boas doses de ceticismo e humildade, como ensina Carl Sagan em sua obra *O Mundo Assombrado pelos Demônios: A Ciência Vista como uma Vela na Escuridão*". Esteja sempre pronto a contrariar suas convicções, busque evidências, fatos. Se você não está disposto a fazer perguntas céticas, sempre será vítima do primeiro charlatão que aparecer na esquina com ares de autoridade.

Ceticismo: para não acreditar facilmente em quaisquer informações vistas por aí, ainda que elas reforcem suas visões de mundo. Consultar as fontes, entender as teses contrárias, são procedimentos primordiais para a formação de uma opinião ponderada sobre qualquer tema.

Humildade: necessária para que tenhamos consciência das limitações do conhecimento humano, do nosso modo de conhecer, da precariedade de nosso aparelho cognitivo diante de certos eventos. Não sabemos tudo, e cada nova resposta traz consigo novas perguntas.

> Os seres humanos podem ansiar pela certeza absoluta; podem aspirar a alcançá-la; podem fingir, como fazem os partidários de certas religiões, que a atingiram. Mas a história da ciência – de longe o mais bem-sucedido conhecimento acessível aos humanos – ensina que o máximo que podemos esperar é um aperfeiçoamento sucessivo de nosso entendimento, um aprendizado por meio dos nossos erros, uma abordagem assintótica do Universo, mas com a condição de que a certeza absoluta sempre nos escapará (SAGAN, 2006, p. 46).

Portanto, um real defensor da ciência deve estar aberto a novas evidências, ainda que elas contrariem crenças consolidadas. Seu amor deve ser à verdade, e não a elas. O questionamento deve ser incentivado a fim de que saibamos identificar os caminhos que devem ou não ser seguidos. Além disso, diante dos "ungidos", é preciso tomar um cuidado extra, porque eles propagaram a ideia de que a verdade é subjetiva. Você, certamente, já ouviu expressões como "minha verdade" e "sua verdade". Sowell ensina:

> Se a verdade é subjetiva, então todo seu propósito perde sentido. Todavia, isso pode parecer, para alguns, um pequeno preço a pagar a fim de se preservar uma visão da qual muitos intelectuais dependem para sobreviver, dando sentido à vida e ao papel que desempenham na sociedade.

A aparente sofisticação da noção de que toda a realidade 'é socialmente construída' tem uma plausibilidade superficial e ignora os muitos processos de validação que testam essas construções. Muito do que é dito ser socialmente 'construído' é, de fato, socialmente evoluído ao longo de gerações e socialmente validado pela experiência. Mas boa parte do que muitos na *intelligentsia* propõem é, de fato, construído, ou seja, deliberadamente criado em determinado tempo e espaço, mas sem nenhuma validação da experiência além do consenso de que é criado entre os participantes da visão favorecida. Se os fatos, a lógica e os procedimentos científicos são apenas categorias arbitrárias, noções 'socialmente construídas', então tudo o que resta é o consenso, mais especificamente o consenso grupal, o tipo de consenso que é importante entre adolescentes, assim como entre muitos da *intelligentsia*.

O consenso, como vimos, é algo muito valorizado pelos coletivistas. Calar os dissidentes é fundamental para sustentar ideologias. Logo, é muito comum que utilizem o argumento da intimidação. Ao primeiro sinal de discordância, tenta-se desestabilizar o outro, colocando em dúvida a sua idoneidade moral. O coletivismo quer confundir Governo e Sociedade. É por isso que, a cada vez que não queremos que uma coisa seja feita pelo Governo, ele conclui que não queremos que essa coisa seja feita, pura e simplesmente. Rejeitamos a educação dada pelo Estado; portanto, não queremos educação. Rejeitamos a equalização pelo Estado; portanto, não queremos igualdade etc., etc. É como se ele nos acusasse de não querer que os homens comam, porque rejeitamos a cultura do trigo estatal (BASTIAT, 2019, p. 68).

Estamos diante do que Ayn Rand chama de *metafísica social* (2020, p. 203):

> O metafísico social é aquele que considera a consciência de outros homens como superior à sua própria e aos fatos da realidade. Para o metafísico social, a avaliação moral que os outros fazem dele é uma preocupação primária que supera a verdade, os fatos, a razão e a lógica. A desaprovação dos outros é tão devastadora para ele que nada pode resistir a seu impacto dentro de sua consciência. Assim, nega a evidência de seus próprios olhos e invalida sua própria consciência por qualquer migalha de sanção moral do charlatão. Apenas um metafísico social poderia esperar vencer um debate intelectual insinuando: 'Mas as pessoas não gostarão de você!'.

Existe um mundo real, para além das ideias, expectativas e gostos pessoais. Não há como escapar à realidade. Você pode até mesmo escolher ignorá-la, mas as consequências são inevitáveis. Assim, por mais abstratas que sejam, as ideias podem ser validadas, ou não, pela realidade. Aí, entra a importância da metodologia científica, para que não deixemos que o sentimentalismo turve a nossa visão (e acredite quando dizemos: não é NADA fácil contrariar expectativas que você alimenta... é um dos mais difíceis exercícios filosóficos aos quais precisamos nos habituar).

> "Os cientistas não procuram impor as suas necessidades e desejos à natureza; ao contrário, interrogam-na humildemente e levam a sério o que descobrem."
>
> Carl Sagan

    É a racionalidade que difere o homem dos demais animais. Mas, mais do que isso, temos a FACULDADE de pensar, já que esse ato não é automático. Como já registrado no início do livro, enquanto os outros seres agem instintivamente para garantir sobrevivência, nós, embora também tenhamos nossos impulsos biofísicos, temos a capacidade de controlá-los, domá-los por meio de cálculos racionais. Isso quer dizer, em última instância, que cada ação humana é uma ESCOLHA; exige uma atitude, uma postura ativa do sujeito. E as melhores opções, que levam ao caminho para a tão almejada felicidade, são aquelas realizadas com o uso da razão (e não como animais tocados por natureza puramente instintiva).

    O processo de tomada de decisão não deve, tanto quanto possível a cada um de nós, envolver fatores irracionais, ou estará fadado ao fracasso (na melhor das hipóteses, ao sucesso acidental). A realidade é o que é, independentemente do que nossas emoções dizem a seu respeito, e nossos sentimentos não são instrumentos de cognição.

Isso quer dizer que devemos nos tornar insensíveis? De maneira alguma! Veja este trecho de uma entrevista concedida por Rand à revista *Playboy*, no ano de 1964:

PLAYBOY: Deve-se ignorar as emoções por completo, erradicá-las da vida?

RAND: Claro que não. Deve-se apenas mantê-las em seu lugar. Uma emoção é uma resposta automática, um efeito automático das premissas de valor do homem. Um efeito, não uma causa. Não há necessariamente um conflito, nem uma dicotomia entre a razão do homem e suas emoções – desde que observada a sua relação apropriada. Um homem racional conhece – ou faz questão de descobrir – a fonte de suas emoções, as premissas básicas que lhe dão origem; se suas premissas estão erradas, ele as corrige. Ele nunca age com base em emoções que não pode explicar, cujo significado ele não entende. Ao avaliar uma situação, ele sabe por que reage de uma determinada forma. Ele não tem conflitos internos; sua mente e suas emoções estão integradas, sua consciência está em perfeita harmonia. Suas emoções não são suas inimigas: são seu meio para aproveitar a vida. Mas elas não servem como guia; o guia é a sua mente. Entretanto, essa relação não pode ser invertida. Se um homem toma suas emoções como a causa e sua mente como o efeito passivo, se ele é guiado por suas emoções e usa sua mente só para racionalizá-las ou justificá-las de alguma forma, então, está agindo imoralmente, condenando a si mesmo à miséria, ao fracasso e à derrota. E não vai conseguir nada além de destruição – a sua própria e a dos outros[6].

Portanto, o problema está em quando as emoções se tornam o nosso Norte. Agindo assim, nos tornamos vulneráveis aos discursos coletivistas, facilmente manipuláveis por aqueles que buscam/detêm o poder. Em *A Nascente*, Ayn Rand inseriu o personagem fictício Ellsworth Toohey, que é a representação de um coletivista

---

6. A íntegra da entrevista pode ser encontrada no site: https://objetivismo.com.br/artigo/entrevista-de-ayn-rand-a-revista-playboy/

completamente consciente de suas ações e de suas consequências, mas que, por causa dos benefícios que obtém, mantém-se na defesa de ideias dessa natureza. Em dado momento da obra, ele faz um longo discurso que ensina as artimanhas utilizadas como meio para controle de almas. Eis um pequeno trecho:

> Os homens têm uma arma que podem usar contra você. A razão. Então é preciso fazer de tudo para tirá-la das mãos deles. Derrube os apoios que a sustentam. Mas seja cuidadoso. Não negue logo de cara. Jamais negue alguma coisa logo de cara, isso é entregar o jogo. Não diga que a razão é maligna, embora alguns tenham chegado a esse ponto, e com um sucesso assombroso. Diga apenas que a razão é limitada. Que existe algo acima dela. O quê? Não é preciso ser claro demais nisso também. O campo é inesgotável. 'Instinto'. 'Sentimento'. 'Revelação'. 'Intuição divina'. 'Materialismo Dialético'. Se o pegarem em algum ponto crucial e disserem que a sua doutrina não faz sentido, você está pronto. Diz a ele que há algo acima do sentido. Que ele deve buscar não pensar, e, sim, sentir. Que deve acreditar. Suspenda a razão, e você passa a jogar com um coringa. Vale tudo, de qualquer maneira que você quiser, sempre que precisar. Ele está em sua mão. É possível reinar sobre um homem que pensa? Não queremos homens que pensam (RAND, 2019, p. 846).

Excluir a razão significa retirar o que nos diferencia dos demais seres vivos. Passamos a agir apenas com os nossos instintos mais primitivos. Os "ungidos", os coletivistas, não querem homens independentes, que pensam sozinhos, querem exatamente seres que "sintam" mais do que "pensem". Não surpreende, então, o recurso a outra falácia, a *ad hominem*. Uma afirmação pode ser aceita de bom grado ou ser repudiada de imediato, com um único critério: QUEM fala. Mas, que reste claro para nós, que buscamos emancipação intelectual e fugimos do *bullshit*: "Ignorância credenciada ainda é ignorância" (SOWELL, 2011, p. 236).

Um dos grandes ensinamentos da ciência é: 'Desconfie dos argumentos de autoridade' (sendo primatas e dados a hierarquias de poder, é claro que os cientistas nem sempre seguem esse mandamento). Um número muito grande desses argumentos se mostrou dolorosamente errôneo. As autoridades devem provar suas afirmações como todo mundo. Essa independência da ciência, sua relutância ocasional em aceitar o conhecimento convencional, a torna perigosa para doutrinas menos autocríticas ou com pretensões a ter certezas (SAGAN, 2006, p. 47).

É a abertura à crítica ao confronto de ideias que permite o avanço científico e a ilustração intelectual. Humanos, mesmo os cientistas mais renomados e premiados, somos todos vítimas potenciais do erro. Portanto, podemos (e devemos todos) ser questionados. Ninguém tem razão apriorística, antes de justa análise! Vale para a ciência o que vale para qualquer aspecto da vida social:

> Qual é o segredo do sucesso da ciência? Em parte, é esse mecanismo embutido de correção de erros. Não existem questões proibidas na ciência, assuntos delicados demais para ser examinados, verdades sagradas. Essa abertura para novas ideias, combinada com o mais rigoroso exame cético de todas as ideias, separa o joio do trigo. Não importa o quanto você é inteligente, augusto ou amado. Tem de provar sua tese em face de uma crítica determinada e especializada. A diversidade e o debate são valorizados. É estimulada a discussão de ideias – substantivamente e em profundidade (SAGAN, 2006, p. 50).

Quando cessam os questionamentos, temos estagnação e, não raro, retrocessos. Devemos ininterruptamente olhar com muita desconfiança para aqueles que não aceitam ser questionados. Ter em circulação versão única de leitura da realidade só convém a um tipo de pessoa: aquela que deseja manipular. E, como você já deve ter percebido, a mentalidade coletivista só sobrevive com as bênçãos da manipulação, da mais rasteira e vulgar à mais elaborada e articulada.

Talvez, a esta altura, uma pergunta esteja ocupando os seus pensamentos: "Tudo bem... já entendi que o coletivismo é um mal que deve ser evitado a todo custo. Mas, se priorizar o coletivo é ruim, não seria um mal maior ser individualista, pensar apenas em si mesmo? Seria mesmo a melhor solução?".

Vamos ao próximo capítulo!

## >>> para não esquecer

### > Intelectuais
- Suas ocupações vivem de ideias. Exemplos: escritores e acadêmicos.

### > Intelligentsia
- Todos aqueles que disseminam as ideias criadas pelos intelectuais. Exemplos: professores, jornalistas, ativistas sociais...

### > "Intelectuais ungidos"
- Aqueles cujas opiniões são ouvidas, impactando na vida em sociedade. São vistos como "seres superiores", capazes de apontar caminhos para as mudanças necessárias.
- Suas palavras não passam por verificação fática e não há preocupação em prestar contas sobre o que é dito. Por isso, têm facilidade para sustentar posições equivocadas.
- Fazem uso de habilidades retóricas para que suas teses não sejam testadas:
  - Omissão de fatos e dados estatísticos que não contribuam para a narrativa desejada ou restrição de sua liberação;
  - Criação de imagens fictícias de pessoas públicas e até mesmo de outras nações;
  - Propagação da ideia de que a verdade é subjetiva;
  - Utilização do argumento da intimidação;
  - Utilização da falácia da autoridade ("falácia ad hominem").

### > Como não ser enganado

- Lembre-se de que não existe ser humano completamente imparcial ou objetivo.
- É salutar cultivar o ceticismo e a humildade.
- Tenha em mente que é a abertura à crítica, ao confronto de ideias, que permite o avanço científico.
- Quando cessam os questionamentos, temos estagnação e, não raro, retrocessos. Portanto, devemos, sempre, olhar com muita desconfiança para aqueles que não aceitam ser questionados.

# CAPÍTULO 5 | UM ANTÍDOTO CONTRA O ESPÍRITO DE GADO – CAPITALISMO

Vimos que está na essência do coletivismo: um indivíduo, ou um pequeno grupo, que acredita ser capaz de assumir o controle da vida das pessoas, a estipular número cada vez maior de normas, diminuindo progressivamente a margem de escolha de cada membro do grupo sobre os atos e circunstâncias que dizem respeito à sua própria vida.

Um individualista, por outro lado, caminha em sentido diametralmente oposto: "Quanto mais liberdade para os indivíduos, melhor!".

A lógica é esta: somos todos adultos, certo? Somos plenamente capazes de compreender as consequências dos nossos atos, não é? Então, por que precisaríamos de uma "babá" nos dizendo o que devemos/podemos fazer, ou não, com as nossas próprias vidas? "Mas, e se as pessoas quiserem fumar, diariamente, vários maços de cigarro, aumentando consideravelmente a sua probabilidade de ter um câncer?". Ora, que cada indivíduo banque as suas escolhas, sem esperar que outros sejam obrigados a sustentar decisões mal tomadas. Como bem diz o senhor Edir Xavier, pai do prof. Dennys Xavier: "A vida é um grande supermercado no qual tudo tem o seu preço!", ou seja, uma hora, mais cedo ou mais tarde, passaremos todos pelo caixa e termos que pagar pelas escolhas que fizemos dentro da loja. Não dá para chegar até o caixa e obrigar o colega ao lado a pagar pelas compras que fizemos (ele poderá, claro, fazê-lo de modo voluntário, o que é substancialmente diferente de forçá-lo a isso).

A mesma lógica se aplica a tantas outras situações nas quais, arrogantemente, queremos dizer aos outros como devem conduzir suas vidas. Quer se meter com jogos de azar? Cuidado, já que podem ser viciantes, e a dependência pode devastar a sua vida financeira/familiar. Todos sabemos disso! Se, mesmo assim, o indivíduo quiser jogar... qual o problema? Por que o Estado deveria se meter?

Ser individualista é, acima de tudo, respeitar as decisões individuais, ainda que sejam sabidamente prejudiciais. É entender que ninguém melhor do que o próprio indivíduo para decidir o que fazer com sua própria vida. De fato, o individualismo considera o homem como uma entidade independente e soberana, que tem um direito inalienável à sua própria vida, derivado de sua natureza como ser racional. O individualismo defende que uma sociedade civilizada, ou qualquer forma de associação, cooperação ou coexistência pacífica entre os homens, pode ser alcançada, apenas, com base no reconhecimento dos direitos individuais e que um grupo, como tal, não tem direitos além dos direitos individuais de seus membros (RAND, 2020, p. 186).

Mais do que isso: trata-se de aceitar nossas limitações pessoais, a limitação do conhecimento humano. Veja só o que diz Hayek (2010, p. 77):

> Não tem grande importância se os objetivos de cada indivíduo visam apenas às suas necessidades pessoais ou se incluem as de seus amigos mais próximos, ou mesmo dos mais distantes – isto é, se ele é egoísta ou altruísta na acepção comum de ambas as palavras. O fundamental é que cada pessoa só se pode ocupar de um campo limitado, só se dá conta da premência de um número limitado de necessidades. Quer os seus interesses girem apenas em torno das próprias necessidades físicas, quer se preocupe com o bem-estar de cada ser humano que conhece, os objetivos que lhe podem dizer respeito corresponderão sempre a uma parte infinitesimal das necessidades de todos os homens.

"Entendi. Mas, então, quer dizer que não devemos nos preocupar com os outros? Seria errado que as pessoas se unissem em prol de uma causa?".

Aí é que está! A beleza do individualismo está no fato de que nós não DEVEMOS ajudar ninguém. Nós ajudamos apenas se isso estiver em nosso horizonte moral, se fizer sentido para nós. Não há imposição moral ou legal! Portanto, é claro que não seria errado que pessoas se unissem em prol de determinada causa – tampouco o seria se não o fizessem.

"Mas aí não seria coletivismo, este tipo de união para ajudar alguém, uma causa?". NÃO! Nesse caso, temos indivíduos que se unem, livre e espontaneamente, para praticar a beneficência. Veja: uma coisa é um grupo de mulheres se unirem para fazer uma campanha contra a violência doméstica, por exemplo. Elas assim agiram VOLUNTARIAMENTE, sem qualquer tipo de pressão por membros do grupo. Elas podem sair e entrar quando quiserem. Podem discordar de algo e abandonar o grupo. Podem ajudar financeiramente, se aquilo fizer sentido para elas... e podem parar de ajudar financeiramente se as coisas mudarem. Seria totalmente diferente se tivéssemos um grupo de mulheres que coagem outras a participarem, com a famosa alegação de que, por ser do sexo feminino, todas devem aderir a campanhas feministas. Quem nunca ouviu a clássica: "Você é mulher, logo é/deve ser feminista"?

Note que há sempre um tom de obrigatoriedade/constrangimento nos discursos coletivistas. Já experimentou, sendo mulher, discordar de pautas feministas publicamente? Ou, sendo preto, posicionar-se, em suas redes sociais, contrariamente à política de cotas? Dificilmente você escapará ileso. Sempre surgirá um paladino da justiça para dizer como você deveria agir – isso se não for imediatamente insultado por algum deles... afinal de contas, se você "não aprendeu", deve ser "cancelado", proscrito, desautorizado.

Logo, nem todo grupo será coletivista. Para sê-lo, deve reunir as características que já mostramos exaustivamente ao longo deste livro. Mas a diferença essencial está na COAÇÃO (seja ela de cunho físico ou moral). Se há liberdade plena para ingressar ou abandonar a causa, sem qualquer julgamento ou represália, não se trata de coletivismo.

Diante dessa explicação, muitos questionam se as religiões se enquadrariam, ou não, no conceito de coletivismo. A resposta é: DEPENDE. Há liberdade para ingresso e abandono, sem violência de qualquer tipo? Há algum tipo de pressão/coação para adesão? Os adeptos são livres para apresentar suas discordâncias? Somente analisando caso a caso, você poderá chegar a uma conclusão. Esse ponto de vista não exclui, é claro, a existência de fins sociais ou, antes, a possibilidade de uma coincidência de objetivos individuais que torna oportuna a união de indivíduos na persecução destes. Limita, porém, essa ação comum aos casos em que as opiniões individuais coincidem. Os chamados "fins sociais" são, pois, simplesmente, objetivos idênticos de muitos indivíduos – ou objetivos para cuja realização os indivíduos estão dispostos a contribuir em troca da ajuda que recebem no tocante à satisfação de seus próprios desejos. A ação comum limita-se, assim, aos campos em que as pessoas concordam acerca de objetivos comuns.

Você deve lembrar que, anteriormente, mencionamos que o corolário do coletivismo é o estatismo, já que o Estado é o meio mais eficaz para que determinados grupos imponham o que entendem ser o "bem comum". Pois bem, voltemos àquele ponto. Se a sua tarefa fosse estabelecer normas para as vidas de seus parentes e amigos próximos, você há de concordar que, quanto maior o número de normas, quanto mais aspectos elas regularem, quanto mais especificidades trouxerem, maiores as chances de desagradá-los e de tornar suas vidas tremendamente infelizes. Se, "para o bem de todos", alguém precisa estabelecer normas, quanto mais genéricas elas forem e menor for a sua quantidade, maior a margem de escolha deles e, consequentemente, mais satisfeitos ficarão. Entendeu a lógica?

Agora, imagine o quanto é difícil reger a vida de todos os habitantes de uma cidade... ou de um Estado... ou de um país! Quanto maior a abrangência das normas, maior a importância de serem poucas e genéricas, certo? Então, explique para nós: por que o brasileiro comemora tanto a existência de políticos voluntariosos? Em verdade, o que se está celebrando é uma maior restrição à liberdade dos indivíduos! Por que aplaudimos um político que apresentou dezenas de projetos de lei no ano e dizemos que o outro, que não apresentou nenhum, não trabalha? Se você entendeu algo de coletivismo, entenderá também que o melhor que um político pode fazer para a prosperidade nacional é ficar de férias. Quando grupos de políticos resolvem trabalhar para valer – naquelas sessões da madrugada, por exemplo – podem estar certos que vem coisa péssima para nós todos. Não por outro motivo, deveria ser mais comum celebrar um maior número de leis revogadas, ou menor número de leis aprovadas. Isso é o que aproxima a sociedade da LIBERDADE. Trata-se de pressuposto fundamental da filosofia individualista.

Obviamente, essa liberdade não deve ser ilimitada. Todos devemos ser livres para agir, desde que nossas ações não atinjam as esferas da liberdade, da vida e da propriedade alheias. Ultrapassados esses limites, deve haver uma retaliação, a fim de garantir a preservação dos direitos individuais.

Mas não só isso: você logo perceberá que a perspectiva individualista caminha de mãos dadas, no aspecto econômico, com o capitalismo. Afinal, esse é o único sistema até aqui conhecido capaz de preservar e proteger os direitos individuais.

Explicamos: o capitalismo é um sistema no qual temos trocas voluntárias. Você precisa comprar um pão, e o João, que é padeiro, e tem os materiais disponíveis, precisa de dinheiro.

Ele estabelece um preço, e você paga. Ambos saem satisfeitos dessa relação. Para você, não importa se o João é ateu ou da umbanda; se é brasileiro ou argentino; se é jovem ou velho; se é gordo ou magro; se é branco ou preto, se é gay ou hétero. Para o João, tampouco suas características exteriores são relevantes. O importante é que vocês têm algo de valor a oferecer um ao outro, que ambos desejam.

Vamos além: se José, concorrente de João, lhe oferecer um pão de maior qualidade por um preço menor, você pode escolher (deve poder escolher!) comprar com José. Aliás, você pode, inclusive, escolher não comprar de nenhum deles, seja por qual motivo for. De igual maneira, por qualquer que seja a razão, eles podem escolher não lhe vender o pão. Essa é a LIBERDADE proporcionada por um sistema capitalista.

Apostamos que você deve estar pensando: "Mas não foi isso que aprendi sobre capitalismo... ensinaram-me que ele é o grande vilão de toda a história humana!". Pois é... ensinaram-lhe errado!

Capitalismo não é nada mais do que isto: um sistema de trocas voluntárias.

Por ser voluntário, ele acaba por privilegiar aqueles que mais ENTREGAM, que resolvem problemas, que respondem de maneira mais eficaz às demandas da sociedade. Se o José faz um pão mais gostoso do que o João, e a um menor custo, é natural que ele prospere mais rapidamente – estão lembrados de uma passagem acima, na qual falamos que "forçar" salários por força de lei é destruir uma percepção saudável das relações humanas? Se não existe ninguém no mundo disposto a pagá-lo mais pelo que você faz, imaginar que um piso salarial pago com impostos (recolhidos de modo forçado) é justo... é puro suco de coletivismo (mesmo porque, quem acha que não mereceria receber mais? Fosse fácil assim, bastaria colocar piso de dezenas de milhares de reais para todos nós e sairíamos todos felizes).

Por isso é que o Ludwig Von Mises fala, em seu clássico *As Seis Lições*, que, em um sistema capitalista, podemos ter até "o rei do chocolate", o "rei da soja", o "rei dos pneus"... mas só os consumidores poderão realmente ter esse status de "realeza". São os consumidores que definem quem prospera ou vai à falência, não importa o porte da empresa. Uma grande ideia pode enriquecer alguém da noite para o dia. Uma péssima ideia pode empobrecer o mais rico dos empreendedores, num brevíssimo espaço de tempo. Veja que o mérito, aqui, não tem qualquer ligação com o esforço empreendido. Você pode se esforçar muito, por longos anos, mas não produzir nada que o consumidor considere valioso o suficiente para investir seu dinheiro. Outra pessoa pode ter tido apenas uma ideia nascida num lampejo, que seja impactante o suficiente para fazer muito dinheiro, de maneira repentina. "Puxa", alguém poderia dizer, "isso não é justo". Ora, tempo trabalhando nada tem a ver com produtividade. É uma lição básica. Tempo trabalhando não tem nada a ver com capacidade de resolver problemas dos outros, capacidade pela qual estão dispostos a pagar.

Um dos grandes problemas do coletivismo está em querer forçar a concessão de favores para quem, segundo parecer espontâneo da comunidade, não fez por merecê-los. Ele acaba por premiar a incompetência, a dependência, o parasitismo e a vitimização. Você tem novos "direitos" apenas em virtude de determinada característica acidental, de um desejo, de um "achar". Se conhecer as pessoas certas, vão dizer que você tem razão e que é "justo" tirar dos outros, mediante coação, para fazê-lo feliz. Não é desculpável ser assim obtuso!

O que esperar de uma sociedade na qual a incompetência é premiada, na qual determinados grupos são recompensados apenas por existirem? Uma comunidade na qual crianças são premiadas apenas por participarem de competições na escola (não por terem alcançado colocação à altura de premiação)? Não precisa nem ser muito inteligente para prever que boa coisa não virá.

O capitalismo não faz distinção entre grupos, posicionamentos políticos, *status* financeiro ou origens étnicas. Quem é mais eficiente? Quem entrega mais? Quem é mais competente? Esses recebem mais. E o melhor: não se trata de uma posição perpétua, garantida por intervenção dos amigos do Estado (no coletivismo, o capitalismo é fortemente prejudicado com financiamentos públicos a juros amistosos para amigos do sistema... quem nunca ouviu falar dos "campeões nacionais" brasileiros, empresários "parceiros" de governos que recebem tratamento diferenciado, impedindo a livre concorrência e, então, criando monopólios em diversas áreas do mercado? Empresário feliz com governo? Pode investigar... coisa boa não está acontecendo ali!). A partir do momento em que seu produto não for mais interessante, que surgir alguém melhor, e você parar de inovar, será engolido pelo mercado. Quem ganha? Todos nós, que estaremos em constante desenvolvimento, elevação dos padrões de vida e da longevidade. Quando se considera o sucesso espetacular e a prosperidade sem precedentes que o capitalismo alcançou na prática (mesmo com tantos controles impeditivos) – e se considera o fracasso vergonhoso de toda variedade de coletivismo – deveria ficar claro que os inimigos do capitalismo não são motivados, em essência, por considerações econômicas: são motivados por considerações metafísicas, por uma rebelião contra o modo de sobrevivência humano, uma rebelião contra o fato de que a vida é um processo de ação autossustentada e autogerada, e pelo sonho de que, se apenas pudessem controlar os homens que não ressentem a natureza da vida, tornariam a existência tolerável para todos aqueles que a ressentem (RAND, 2020, p. 179-180).

"Ah, mas e a desigualdade?". Em verdade, como você já viu, lutar contra a desigualdade é lutar contra a natureza humana. Mas vamos além: os países mais desiguais do mundo são aqueles onde há mais riqueza, mais desenvolvimento. Neles, os mais pobres sequer se comparam aos de outros países com melhores índices de igualdade. Isso acontece porque aferir a desigualdade social não é tão importante quanto dizem por aí. Na verdade, devemos ficar atentos aos índices de POBREZA. Se, no Brasil, os mais pobres recebessem o mínimo para viver com dignidade, com todas as suas necessidades básicas plenamente atendidas, ninguém estaria preocupado com a existência de bilionários, a não ser os invejosos e ressentidos.

Portanto, o combate deve mirar a pobreza. E como, historicamente, ela foi diminuída? Com mais liberdade. Os países mais livres economicamente foram os que alcançaram mais riqueza; enquanto os que produziram mais leis, burocracia e repressão são os mais pobres.

> "O capitalismo tem sido chamado de um sistema de ganância – porém é o sistema que elevou o padrão de vida de seus cidadãos mais pobres a níveis que nenhum sistema coletivista sequer começou a igualar, e nenhuma gangue tribal pode conceber.
>
> **Ayn Rand**

Deixe-nos contar um fato curioso.

Nós sempre ficamos perplexos quando nos deparamos com alguma estatística mostrando que temos uma parcela X da população muito pobre, enquanto uma fatia muito menor é riquíssima. Mas veja que interessante: um estudo feito pelo economista Thomas Sowell demonstrou que "três quartos dos norte-americanos cuja renda estava entre as 20% mais baixas em 1975 também estiveram entre as 40% mais altas em algum ponto durante os dezesseis anos seguintes" (2020, p. 179). Isso significa que existe uma grande mobilidade social, pouco falada pelos grandes veículos de comunicação. E o autor prosseguiu o raciocínio, mostrando que não foi coincidência:

> Um estudo realizado na Inglaterra acompanhou milhares de indivíduos durante seis anos e descobriu que, no fim desse período, quase dois terços daqueles cuja renda estava inicialmente entre

o grupo das 10% mais baixas tinham saído desse nível. Outros estudos mostraram que metade das pessoas na Grécia e dois terços das pessoas na Holanda que estavam abaixo da linha da pobreza num determinado ano tinham ultrapassado essa linha dentro de dois anos. Estudos realizados no Canadá e na Nova Zelândia mostraram resultados semelhantes.

Interessante, não é? E o que os defensores dos regimes coletivistas não lhe contam é que, neles, essa mobilidade social é inexistente. Todos se tornam iguais, por força de lei... na pobreza! Ora, se não são criados meios de geração de riqueza (ou se eles são desestimulados, pois o sucesso deve ser acompanhado de mais impostos, mais burocracia etc), é lógico concluir que logo haverá escassez de recursos. Não há como uma sociedade prosperar com esse tipo de política, exatamente porque ela é contrária a tudo que nos fez melhorar consideravelmente de vida ao longo dos séculos.

Além de tudo, essa desconsideração total do indivíduo em prol do coletivo – essa visão altruísta, que vê os indivíduos como meios para os fins alheios – escreveu as páginas mais tristes da história da humanidade.

> "O altruísmo é incompatível com a liberdade, com o capitalismo e com os direitos individuais. Não se pode combinar a busca da felicidade com a condição moral de um animal de sacrifício."
>
> **Ayn Rand**

O homem só pode ser um fim em si mesmo, devendo ser independente para tomar suas próprias decisões e fazer seus próprios julgamentos. Deve ser, acima de tudo, LIVRE. Logo, o individualismo não consiste, apenas, em rejeitar a crença de que o homem deve viver para o coletivo. Um homem que quer escapar da responsabilidade de sustentar sua vida por seu próprio pensamento e esforço, e deseja sobreviver conquistando, dominando e explorando os outros, não é um individualista. Um individualista é um homem que vive por seus próprios interesses e por sua própria mente; não sacrifica a si mesmo pelos outros, nem sacrifica os outros para si mesmo; lida com os homens como um negociante, não como um saqueador; como um produtor.

Aliás, a "mentalidade do negociante" é uma marca importante dessa visão individualista e do capitalismo. Em uma negociação, não há força bruta, apenas argumentação. Uma parte deve convencer a outra de que seu produto ou serviço é bom:

> Um negociante é um homem que merece aquilo que adquire, e não dá, nem toma, aquilo que não é merecido. Não trata os demais como senhores ou escravos, mas como seus iguais, independentes. Lida com eles por meio de uma troca livre, voluntária, não forçada nem coagida, que beneficia ambas as partes, respeitando seus julgamentos independentes. Um negociante não espera ser pago por suas negligências, mas por suas realizações. Não transfere aos outros o peso de seus fracassos e não hipoteca sua vida em servidão pelos fracassos de outros (RAND, 2020, p. 42).

Portanto, um individualista não busca culpados externos pelos problemas enfrentados. Não se vê numa mentalidade dessa natureza aquele ressentimento tão comum aos coletivistas. Não há disputas entre grupos para ver quem é o mais oprimido e quem é o mais opressor. NÃO! Cada um é visto individualmente, avaliado por nada além do seu trabalho e do seu caráter.

Esqueça aquela conversa de que "todo branco é racista" ou de que "todo homem é um estuprador em potencial" – sim, há gente que conta e há gente que acredita nessas insanidades. Tampouco vai importar o que seus ascendentes fizeram ou deixaram de fazer. Você nada tem a ver com os desvios de caráter alheios. Aliás, ser racista, machista, ou ter qualquer tipo de preconceito baseado em meras características acidentais é ser coletivista, como já vimos. É ignorar as particularidades de cada indivíduo, por acreditar na existência de grupos superiores ou inferiores.

O que importa em uma visão individualista é VOCÊ. Certo, você é dessa etnia, mas e daí? O que você tem a oferecer para além de ter nascido num certo grupo étnico? O que as suas AÇÕES dizem sobre você, sobre o seu talento, sobre o seu conhecimento, sobre o seu caráter? É isso que vale, verdadeiramente. Você responde, exclusivamente, pelos SEUS atos.

Talvez esse ponto seja o que causa maior temor nos coletivistas. Que motivos teriam eles para se orgulhar, se o orgulho dependesse apenas de seus feitos (e não das realizações ou demandas atribuíveis ao grupo)?

Autorresponsabilidade é algo que falta nos coletivistas e sobra nos individualistas. Quando você se enxerga como o único responsável pela sua existência, pela concretização dos seus desejos, a "mágica" acontece. Você deixa de esperar ajuda do governo, de parentes, de amigos, de organizações, e passa a trabalhar a criatividade para solucionar problemas.

Pois bem. Nós sabemos que tudo o que conversamos até aqui pode ser uma novidade para muitos dos nossos leitores, e nosso maior objetivo, com este essencial sobre o coletivismo, é que esse conhecimento, antes restrito a estudiosos do tema, seja compreendido pelo maior número de pessoas possível.

Por isso, pensamos: "Como tornar tudo isso ainda mais claro?". Nada melhor do que um exemplo real, para sedimentar todo o conhecimento. Vamos a ele!

## >>> para não esquecer

- Um individualista não teme a liberdade individual.
- Ser individualista é saber respeitar as decisões individuais, ainda que prejudiciais.
- No individualismo, não há obrigação de fazer caridade. Mas também não há proibição. Há apenas respeito.
- Nem todo grupo que se une em prol de uma causa é coletivista.
- A diferença está na COAÇÃO; na liberdade para ingressar ou sair do grupo, sem julgamentos ou reprimendas.
- Quanto maior a abrangência das normas, maior a importância de que elas sejam poucas e genéricas, para preservar a liberdade dos indivíduos da localidade.
- Não há motivos para celebrar a existência de um grande número de leis, pois quanto maior a regulação, maior a aproximação de um regime ditatorial.
- Os limites da liberdade estão nos direitos individuais alheios: vida, liberdade e propriedade.
- Liberdade e responsabilidade são inseparáveis!
- Individualismo, capitalismo e liberdade são indissociáveis.
- O capitalismo é o único sistema capaz de preservar e proteger os direitos individuais.
- O capitalismo é um sistema de trocas voluntárias.

- O poder, no capitalismo, está nas mãos do consumidor.
- Enquanto o coletivismo premia a incompetência, o individualismo recompensa a competência, a entrega de resultados eficazes.
- É a pobreza que deve ser combatida, e não a desigualdade.
- Pobreza se diminui com mais liberdade. Só ela é capaz de produzir mais riqueza.
- O capitalismo é o único sistema que permite mobilidade social.
- A mentalidade do negociante é uma marca importante da filosofia individualista e do capitalismo.
- Um individualista não busca culpados externos pelos seus problemas.
- Cada indivíduo é avaliado pelo seu trabalho e pelo seu caráter.
- Um individualista prega a autorresponsabilidade: o indivíduo é plenamente responsável pelo que faz e por buscar a sua felicidade. Seu sucesso ou fracasso depende unicamente dele.

# CONSIDERAÇÕES CONCLUSIVAS | O COLETIVISMO NA PRÁTICA

Agora que você já tem uma boa noção do que é o coletivismo, deve estar sentindo falta de exemplos práticos. Imaginamos que ainda o impressione a maneira que as pessoas aceitaram/aceitam, com facilidade, as atrocidades cometidas em razão das ideias coletivistas. Com isso em mente, resolvemos trazer uma história verídica, que ilustra muito bem como tudo que explicamos acontece na realidade.

Em 1967 foi realizado em Cubberley High School, uma escola da Califórnia, um experimento que ficou conhecido como "A Terceira Onda". Foi o seguinte: o professor Ron Jones queria mostrar aos seus alunos, na prática, os fatores que levaram o nazismo a se estabelecer na Alemanha. Para isso, agiu de uma maneira inusitada. Sem falar das suas intenções, ele iniciou a aula realizando um discurso sobre a importância da disciplina – uma das características mais valorizadas na Alemanha nazista. A partir daí, determinou que seus alunos mantivessem a postura ereta, explicando-lhes que era para o seu bem.

"Vocês sentem que respiram com maior facilidade? Agora, vocês estão mais alertas. Não se sentem melhor?" – dizia Ron Jones.

Os alunos praticaram esse exercício de atenção à postura por diversas vezes, naquele dia, sob orientação do professor. Tendo observado a dedicação dos pupilos, ele introduziu mais algumas regras, como a que ditava que, sempre, antes de falar, deveriam levantar-se e dizer "sr. Jones" no início da frase. Diante de algum questionamento, os estudantes deveriam ser suscintos, respondendo em duas ou três palavras. A participação em aula e adesão às regras era recompensada, enquanto aqueles mais rebeldes recebiam reprimendas. Ao fim do dia, o professor notou que até mesmo aqueles alunos que antes não interagiam, passaram a fazê-lo.

Essa foi a primeira lição, à qual ele chamou de "FORÇA POR MEIO DA DISCIPLINA".

**>>>**

**Aqui, vemos fortes características do coletivismo, sobre as quais já falamos. Veja: o professor começa discorrendo sobre a disciplina e como ela é valorosa para a vida de um aluno. Ele, em verdade, queria justificar a sua atitude tirânica, mas se, simplesmente, chegasse à sala de aula ditando ordens aleatórias, teria sérias dificuldades para que os alunos as cumprissem.**

**Então, de maneira muito inteligente, os conduziu à conclusão de que eles receberiam ordens das quais poderiam não gostar, mas havia uma finalidade muito bem-intencionada. Convenceu-os das vantagens proporcionadas pela obediência.**

**OBEDIÊNCIA: essa era, em verdade, a lição que ele passava. Obedecer tornou-se vantajoso para os alunos, porque havia recompensas. As reprimendas impostas eram um sinal de que aqueles que não seguissem as regras impostas seriam prejudicados.**

**Lembra que falamos sobre como os hábitos são especialmente importantes em uma sociedade coletivista? O professor explorou isso muitíssimo bem, ao estimulá-los a agirem com disciplina, repetindo diversas vezes cada ato, para levá-los à perfeição.**

**Com a justificativa e os estímulos certos, os alunos tornaram-se massas obedientes.**

Na manhã seguinte, o silêncio imperava quando o sr. Jones adentrou a sala de aula. Ele, então, escreveu na lousa: "FORÇA POR MEIO DA COMUNIDADE" (a segunda lição). Daí, proferiu um discurso sobre a importância do senso de comunidade, transmitindo a ideia de que, trabalhando juntos, conseguiriam ir mais longe.

O professor fez com que cada aluno repetisse os lemas escritos no quadro, individualmente, e, depois, em conjunto. A ideia era provocar a sensação de pertencimento, de que eles estavam fazendo algo juntos. Tudo isso relembrando, a todo momento, as regras do primeiro dia.

>>>
**Esse senso de comunidade é de suma importância, como também já vimos. Ele preenche a necessidade humana de pertencimento. Os alunos passaram a sentir-se parte de algo maior. Eles não têm mais colegas de turma, com interesses individuais. Agora, todos tinham o mesmo objetivo: cuidar da "comunidade". Os interesses do grupo são maiores do que os individuais.**

**Obedecer às regras era algo bom para o grupo; desobedecê-las, ruim.**

**Seguir seu próprio desígnio (desobedecer) levaria à rejeição do grupo. Afinal, o transgressor estaria sendo "egoísta".**

**O senso de pertencimento também leva à sensação de que, ali, há seres especiais, parte de uma casta superior. Em seguida, vem o próximo passo, que também já vimos: a rejeição àqueles que estão fora do grupo.**

Já no fim da aula, o professor introduziu uma nova regra: todos deveriam cumprimentar-se com uma saudação inventada por ele, posicionando a mão direita no ombro direito, de maneira curvada – uma referência à saudação nazista. Ele denominou esse movimento de "Terceira Onda", e apenas os integrantes daquela turma poderiam utilizá-lo, dentro ou fora de sala de aula. Afinal, eles eram "especiais". Isso, claro, chamou a atenção dos demais alunos daquela escola, e muitos pediram para participar.

>>>
**Os padrões são os mesmos. E o mais assustador é: funcionam! Quem não quer fazer parte de um grupo que está sendo tão valorizado? Quem não quer sentir-se especial? É disso que eles se aproveitam.**

No terceiro dia, a turma, que antes tinha 30 alunos, passou ao número de 43. Isso significava que 13 alunos de outras turmas decidiram "matar aula" para estar ali.

O professor deu continuidade ao experimento, distribuindo cartões para todos os membros, sendo que em três deles havia um "X" vermelho, indicando que foram escolhidos para a missão especial de fiscalizar o cumprimento das normas pelos colegas.

Veio, então, a terceira lição: "DISCIPLINA POR MEIO DA AÇÃO". O sr. Jones enfatizou que, sem ação, os objetivos não poderiam ser concretizados. Cada um deveria zelar, não apenas pelos próprios atos, mas também pelos da comunidade, em uma espécie de "proteção mútua". A parceria entre eles era muito importante, e ele recordou como eram ruins os tempos em que precisavam competir entre si. A partir daquele momento, a igualdade e a irmandade prevaleceriam.

**>>>**
**Ah... a famigerada igualdade! Como ela é doce aos ouvidos! Competição? Que coisa horrível! Ela estimula em nós a busca pela melhoria constante, por soluções mais eficazes. Além disso, premia aqueles que se destacam entre os demais. Que absurdo... bom mesmo é ser igual na mediocridade. Sejamos iguais! Assim, ninguém sofre ao se comparar com os outros. Não haverá parâmetros ou desafios. Seu único objetivo será seguir as regras. Obedeça! É muito fácil! Não precisa pensar muito. E, ainda, isso o torna uma pessoa benquista pelos demais. Não é maravilhoso? Viva a igualdade!**

Ele decidiu avançar: distribuiu para cada estudante uma função, qual seja... criar um símbolo para a "Terceira Onda", garantir que apenas membros entrassem na sala de aula, recitar os nomes e endereços de todos os integrantes e ministrar aulas sobre a importância da disciplina para crianças.

**>>>**
**Novamente, há um fortalecimento do senso de comunidade. Perceba que as funções não são escolhidas por cada aluno, mas, sim, distribuídas pelo professor, arbitrariamente. Mas, como é "para o bem comum", ninguém questiona.**

**Também é notável um detalhe importante: a divulgação dos valores da comunidade para os mais jovens. No coletivismo há mesmo essa preocupação em perpetuar as ideias, transmitindo-as para as novas gerações.**

**Por que as novas, e não as velhas? Ora, porque elas são moldáveis, facilmente manipuladas. Assim, elas crescem acreditando nos ideais desejados pelos líderes e aprendem a não questionar, tornando-se adultos obedientes.**

Depois, o sr. Jones introduziu a regra de que, para entrar no grupo, alguém deveria ser indicado por um membro e demonstrar conhecimento acerca das normas impostas. Àquela altura, o movimento já havia despertado a curiosidade de todos na escola, até mesmo dos funcionários. Ao final do terceiro dia, mais de duzentos alunos haviam aderido à "Terceira Onda".

Em seu relato, o sr. Jones destacou alguns fenômenos interessantes. Entre eles, o caso de três alunas que se destacavam entre os demais, antes do experimento, pela sua distinta inteligência. Quando a "Terceira Onda" se iniciou, elas mudaram seu comportamento de maneira significativa: não mais traziam os questionamentos costumeiros. Participavam das atividades de maneira mecânica, sem o entusiasmo que antes possuíam.

**>>>**
**Esse é um efeito natural, quando se prega a igualdade: não há razão para que alguém se esforce além dos padrões estabelecidos. Se todos são iguais, se todos terão mérito sem esforço, apenas obedecendo... De que vale o esforço? Por que eu faria algo melhor, se fazendo o "mais ou menos", ou o "ruim", serei igualmente recompensado? Se a mediocridade é exaltada, e destacar-se é um pecado, não há razão para buscar a excelência. É um cálculo mental simples, que qualquer um faria. Foi o que aconteceu com essas meninas, e é o que acontece em qualquer sociedade em que se tem a igualdade como norte.**

**Portanto, o sonho da igualdade logo pode tornar-se um pesadelo. Os maiores avanços que tivemos na história, que trouxeram longevidade e conforto para a humanidade, se devem exatamente aos que tiveram a ousadia de ir além das expectativas.**

De outro lado, havia Robert, um aluno que, embora fosse muito esforçado, era apenas mediano, nunca tendo obtido qualquer destaque. Sempre isolado, sua presença era quase imperceptível. O professor se assustou quando, naquele terceiro dia do experimento, ele o procurou para oferecer-se para trabalhar como seu "guarda-costas". Ele, enfim, teria uma função no grupo.

**>>>**
**Veja: a mediocridade finalmente ganhou o seu espaço! É claro que o aluno se sentiu muito mais feliz com isso. Mas, além de aquecer o coraçãozinho do jovem, que contribuição a exaltação da sua mediocridade teria para a vida dele ou para as dos que o cercavam? Percebe como os benefícios da igualdade são ilusórios?**

Observando tudo isso acontecendo, o sr. Jones estava muito assustado, pois a situação estava tomando dimensão inesperada. Vários alunos passaram a "matar aula" para ir à turma da "Terceira Onda" e, mesmo aqueles que não tinham a incumbência de fiscalizar estavam delatando e reprimindo os colegas "infratores" voluntariamente.

**>>>**
**A mentalidade coletivista estava tão bem instalada naqueles alunos, que a desobediência às regras lhes causava incômodo profundo, a ponto de agirem para cessá-la, mesmo não sendo essa a sua função.**

**Isso nos lembra, de certa forma, os "justiceiros sociais", que estão sempre a postos para apontar as falhas alheias publicamente, como forma de sinalizar virtude, a sua superioridade moral por posicionar-se de determinada maneira.**

No quarto dia, ele discursou sobre orgulho: "O orgulho é muito mais do que saudações ou bandeiras. É algo que ninguém pode tirar de você. É saber que você é o melhor, e isso não pode ser destruído". Em seguida, ele explicou para os alunos, usando um tom mais grave, que, na verdade, eles estavam participando de uma espécie de treinamento para um novo projeto, que visava a lutar por mudanças políticas no país, por meio da disciplina, do senso de comunidade, do orgulho e da ação. "Se vocês demonstrarem o que aprendemos nos últimos quatro dias, podemos mudar o destino desta nação" – disse ele.

Ficou acertado que, no dia seguinte, eles fariam apresentações, com a presença da imprensa, em um grande evento, mas que apenas membros da "Terceira Onda" poderiam participar. Chegado o momento, cerca de duzentos alunos esperavam ansiosamente em um auditório. O sr. Jones, então, contou-lhes que fizeram parte de um experimento e que foram manipulados. Veja só esse trecho do discurso:

> Vocês pensaram que eram os eleitos. Que eram melhores do que aqueles que ficaram de fora. Vocês barganharam sua liberdade em troca do conforto da disciplina e da superioridade. Vocês escolheram aceitar a vontade do grupo e a grande mentira como maiores do que suas próprias convicções. [...] Deixem-me mostrar seu futuro.

Em um projetor, foram passadas imagens do Terceiro Reich, em que poderiam ser visualizados os mesmos elementos: a disciplina, a ideia de que havia uma raça superior, arrogância, violência, terror... os campos de concentração, os julgamentos, as alegações de ignorância, de que "apenas estavam fazendo o seu trabalho".

O professor continuou seu discurso:

> Por meio da experiência dessa semana que se passou, nós experimentamos como era a Alemanha Nazista. Nós vimos como é o sentimento de criar um ambiente de disciplina social. Como é o sentimento de construir uma sociedade especial. Jurar fidelidade àquela sociedade. Substituir a razão por regras.
>
> Sim, nós todos seríamos bons alemães. Nós teríamos vestido o uniforme. Virado o rosto para os amigos e vizinhos que fossem perseguidos. Trancado as portas. Trabalhado em planos de defesa. Queimado ideias.
>
> Sim, nós tivemos uma pequena demonstração de como é o sentimento de encontrar um herói. De nos agarrarmos a uma solução rápida. De nos sentirmos fortes e de assumirmos o controle sobre o destino.
>
> Nós conhecemos o medo de sermos deixados para trás. O prazer de fazer algo certo e de sermos recompensados por isso. De ser o número um. De estar certo. Se levarmos ao extremo, nós vimos e talvez até sentimos aonde essas ações nos levarão.
>
> Cada um de nós testemunhou algo nessa semana que se passou. Nós vimos que o fascismo não é apenas algo que outra pessoa fez. Não. Ele está bem aqui. Nesta sala. Em seus hábitos pessoais e estilo de vida. Esfregue a superfície e ele aparecerá. Algo dentro de todos nós. Nós o carregamos como uma doença.
>
> A crença de que os seres humanos são maus e, por isso, incapazes de praticar o bem para os outros. A crença de que é preciso um líder forte e disciplina para preservar a ordem social.
>
> E há algo mais: o ato da apologia.

Forte, não é? É claro que esses são apenas os recortes que julgamos importantes, didaticamente, com base no relato feito pelo próprio professor Jones[7], publicado, originalmente, no ano

---

7. O relato completo, em inglês, pode ser encontrado no site:
https://web.archive.org/web/20141013042309/http://www.thewavehome.com/1976_The-Wave_story.htm

de 1976, e que, em 1981, tornou-se um especial de TV: *The Wave*. Anos depois, em 2008, foi lançado o filme *A Onda*, também com base nessa história.

Ela ilustra muitíssimo bem a lição que desejamos deixar ao final deste livro: as piores atrocidades cometidas pelos seres humanos em regimes ditatoriais não vieram "do nada". Foram apenas consequências de ideias aparentemente inofensivas, de gente muito preocupada com o bem-estar da "coletividade", repleta das melhores intenções. Por isso, devemos ficar sempre atentos, a fim de preservar o nosso bem mais precioso: a liberdade.

> "O preço da liberdade é a eterna vigilância."
>
> **Thomas Jefferson**

**>>>**

**Naturalmente, este livro pode ter despertado a sua curiosidade para ler mais sobre o tema, e, se foi o seu caso, existem diversos livros que trazem distopias, como alerta sobre os perigos do coletivismo. Deixamos, aqui, a recomendação de cinco obras famosas:**

- Cântico (Ayn Rand)
- A Nascente (Ayn Rand)
- A Revolta de Atlas (Ayn Rand)
- A Revolução dos Bichos / A Fazenda dos Animais (George Orwell)
- 1984 (George Orwell)

**É claro que também existe uma vastíssima gama literária com relatos de casos reais. Indicaremos cinco:**

- O Livro Negro do Comunismo (Stéphane Courtois)
- Arquipélago Gulag (Aleksandr Soljenítsyn)
- Holodomor: O Holocausto Esquecido (Miron Dolot)
- Holocausto Brasileiro (Daniela Arbex)
- Coletivismo de Direita: A Outra Ameaça à Liberdade (Jeffrey Tucker)

# REFERÊNCIAS BIBLIOGRÁFICAS

BASTIAT, Frédéric. *A Lei*. São Paulo: LVM Editora, 2019.
\_\_\_\_\_. *O que Se Vê e o que Não Se Vê*. São Paulo: LVM Editora, 2010.

BRASIL. Constituição (1988). *Constituição da República Federativa do Brasil*. Disponível em: http://www.planalto.gov.br/ccivil_03/constituicao/constituicao.htm. Acesso em: 02/02/2022.

COURTOIS, Stéphane *et al*. *O Livro Negro do Comunismo*. Rio de Janeiro: Bertrand Brasil, 1999.

FRANKFURT, Harry G. *On Bullshit*. Princeton: Princeton University Press, 2005.

GIANTURCO, Adriano. *A Ciência da Política*. 3. ed. Rio de Janeiro: Forense Universitária, 2021.

HAYEK, F. A. *A Pretensão do Conhecimento*. São Paulo: LVM Editora, 2019.
\_\_\_\_\_. *Law, Legislation and Liberty*. Abingdon: Routledge, 2013.
\_\_\_\_\_. *O Caminho da Servidão*. São Paulo: LVM Editora, 2010.
\_\_\_\_\_. *Os Erros Fatais do Socialismo*. Barueri: Faro Editorial, 2017.

RAND, Ayn. *A Nascente*. Campinas: Vide Editorial, 2019.
\_\_\_\_\_. *A Virtude do Egoísmo*. São Paulo: LVM Editora, 2020.

ROSSITER, Lyle H. *A Mente Esquerdista*. Campinas: Vide Editorial, 2016.

SAGAN, Carl. *O Mundo Assombrado pelos Demônios: A Ciência Vista como uma Vela na Escuridão*. São Paulo: Companhia das Letras, 2006.

SOWELL, Thomas. *Fatos e Falácias da Economia*. 4. ed. Rio de Janeiro: Record, 2020.
\_\_\_\_. *Os Intelectuais e a Sociedade*. São Paulo: É Realizações, 2011.
\_\_\_\_. *Os Ungidos: A Fantasia das Políticas Sociais Progressistas*. São Paulo: LVM Editora, 2021.

XAVIER, Dennys Garcia (Coord.). *F.A. Hayek e a Ingenuidade da Mente Socialista*. São Paulo: LVM Editora, 2019.

Acompanhe a LVM Editora nas Redes Sociais

https://www.facebook.com/LVMeditora/

https://www.instagram.com/lvmeditora/

**LVM EDITORA**

Esta edição foi preparada pela LVM Editora
com tipografia Baskerville e DINPro.